사진과
그림으로
삼키는 후루루
중학

KB155598

사진과 그림으로 삼키는 후루룩
중학영단어

2009년 6월 25일 초판 1쇄 인쇄
2009년 7월 6일 초판 1쇄 발행

지은이/ 최윤경

펴낸이/ 김영철
펴낸곳/ 국민출판사
등록/ 제6-0515호
주소/ 서울특별시 마포구 서교동 382-14
전화/ (02)322-2434 (대표)   **팩스/** (02)322-2083
홈페이지/ www.kukminpub.com

편집/ 김종연 · 나정애 · 이여주
표지디자인/ 송은정   **본문디자인/** 이미연
영업/ 김종헌   **관리/** 한정숙 · 김성환

ⓒ 최윤경, 2009

ISBN 978-89-8165-201-2   53740

사진과
그림으로
삼키는
후루룩

Sure?

중학영단어

글 최윤경 · 그림 유남영

머리말
PREFACE

영어공부는 단어를 외우는 데에서 출발합니다. 무슨 단어를 어떻게 외워야 하나? 이런 고민은 영어공부를 처음 시작하려는 사람이라면 누구나 한 번쯤은 해봤을 것입니다.

이미 교육부에서는 2006년 8월에 중학교 1학년부터 고등학교 1학년까지 외워야 할 기본어휘 목록을 새로 제시했습니다. 그래서 본 저자는 기본어휘 목록을 주제별로 분류하고 사진과 그림을 덧붙여 중학생들이 외우기 쉽게 만들었습니다. 또한 미국 유학생활에서의 경험을 살려 각 단어마다 실용영어회화문장 및 해설을 달았습니다.

따라서 어떻게 영어공부를 시작해야 할까 고민하는 학생들에게 먼저 이 책을 권하고 싶습니다. 시중에 여러 다양한 중학생용 영단어책이 있지만 교육부에서 발표한 제7차 교육과정 개정안과 관련해서는 아직 영단어책이 많이 소개되지 않은 실정입니다. 주제별로, 사진과 그림으로 외우기 쉽게 제시된 "사진과 그림으로 삼키는 후루룩 중학영단어"책은 기초실력을 다지기 위해 단어를 외우고자 하는 중학생부터, 영어선행학습을 위해 영어단어를 외우고자 하는 초등학생, 다시 기초부터 영어공부를 시작하고자 하는 고등학생에 이르기까지 반드시 외워야 할 필수단어 목록을 제시해줄 것입니다. 기본어휘를 다 외운다면 영어독해뿐만 아니라 영어듣기, 말하기, 쓰기까지 더욱 쉬워지지 않을까요?

이 책은 제7차 교육과정 개정안에 수록된 2,315개의 기본어휘 중 초등학교용 어휘 736개를 제외한 1,579개 어휘 중 전치사, 접속사와 같은 기능어를 제외한 단어들을 골라 주제별로 묶어 실었습니다. 2009년 고1부터 영어 교과서가 두 권으로 바뀌고 2013년에는 국가영어능력평가시험이 외국어영역을 대체하게 되는 상황에서 실용영어표현에 중점을 둔 교육부 지정 기본어휘를 완전히 습득하는 것은 미래의 대학입시

에 많은 도움이 될 것입니다.

이 영단어책을 활용하는 몇 가지 팁을 소개하자면 다음과 같습니다.

첫째, 주제별로 단어를 외울 때 주제를 중심으로 단어들로 마인드맵을 그려가면서 외웁니다.
가지치기를 통해 단어별로 주제와의 연관성을 확인하면서 외우는 것은 단어 연상 작용에 많은 도움이 됩니다.

둘째, 출판사 홈페이지에서 MP3 파일을 다운받아 각 단어의 발음을 확인하며 공부합니다.
영어단어 자체의 발음은 물론 예시문장의 발음까지 듣고 따라함으로써 실생활에서 사용할 수 있는 영어를 공부하게 됩니다.

셋째, 단어를 외울 때 많이 써보고 크게 소리 내어 읽으면서 외웁니다.
영어는 언어입니다. 언어는 입과 손에 익숙해야지만 내 것으로 쓸 수 있습니다.

마지막으로 이 책이 나오기까지 외조를 아끼지 않은 남편과 가족들, 뱃속에서 이 책과 함께 자라고 건강하게 태어나준 딸 서윤이, 집필하는 동안 옆에서 많은 조언과 격려를 주셨던 인천교육연수원 외국어수련부 장학사님들께 감사함을 전하고 싶습니다.

2009년 초여름
인화여고 최윤경 선생님 배상

의식주 Clothing, Food and Housing

도시생활과 경제 Civil Life

첨단과학 Technology

문화 Culture

Humans

인간

1. 신체

1 신체 내부

internal [intə́:rnl] 형 내부의, 내면의, 국내의

Internal parts of human body are a heart and a liver and so on.

인간의 신체 내부 기관은 심장과 간 등등이다.

in-(내부의) + tern(장소, 기관) + -al(~의: 형용사형 어미)로 구성된 단어인데요. 단어의 구조를 이해하면 의미는 물론 반대말도 만들기 쉽지요. 반대어) external(외부의)

{단어 tip} an internal trade: 국내무역, an internal medicine: 내복약

bone [bóun] 명 뼈, 유골 동 뼈를 발라내다

Ann : I heard you were hit by a car. Are you okay?

Dave : I was lucky. An x-ray showed that my bones are OK.

앤 : 너 차에 치였다고 들었는데. 괜찮아?

데이브 : 운이 좋았어. 엑스레이 사진을 찍었는데 뼈는 괜찮대.

일반적으로 bone은 사람이나 동물의 뼈를 가리키는데 X-ray 촬영을 통해 볼 수 있는 신체 내부 기관이죠.

cellular [séljələr] 형 세포의, 구획적인, 이동 전화의

Grace : Is it true that the cellular structure of a rat is similar with a human's?

Chris : I have no idea.

그래이스 : 쥐의 세포 구조가 사람과 비슷하다는 게 사실이야?

크리스 : 전혀 모르겠는데.

cell은 세포를 의미하는데, 뒤에 -ular라는 형용사 어미가 붙어서 '세포의'라는 뜻이 되었죠. 흔히 우리나라 사람들은 휴대폰을 hand phone이라고 부르는데 이건 콩글리시고, cellular phone 또는 줄여서 cell phone이라고 해야 맞아요.

{발음 tip} [셀룰러]가 아니고 [셀러r]입니다. 연습하세요!

heart [háːrt] 명 심장, 마음, 애정, 중심

Let's cheer our team with all our hearts!

전심을 다해 우리 팀을 응원하자고!

> heart는 우리 몸에서 '심장'을 뜻하는 단어죠. 심장이 heart 모양이라 붙여진 이름이라고 해
> 요. heart는 감성적인 부분으로서의 마음을 가리킬 때도 쓰이죠. 그럼 지성적인 부분으로서의
> 마음은 뭐냐고요? mind죠.^^

blood [blʌd] 명 혈액, 혈통, 가문

The loss of blood can kill a man because of shock.

피를 많이 흘리면 쇼크로 죽을 수 있다.

> blood는 체내에 흐르는 '혈액' 이외에 '혈통'을 의미하기도 해요.
> 혹시 공주병 말기쯤 돼서 자기 몸 안에 왕족의 피가 흐르고 있다
> 고 생각하는 사람은 'I am from the royal blood!' 하고 외쳐보
> 세요~
> {표현 tip} Blood is thicker than water. 피는 물보다 진하다.

brain [bréin] 명 뇌, 두뇌, 지능, 지적인 사람

Hitler blew his brains out and killed himself.

히틀러는 자기 머리를 쏴서 자살했다.

> brain은 신체 조직에선 '두뇌'지만 사람들의 조직에서는 '중심인물' 또는 '인재'쯤으로 해석할
> 수 있어요.
> {표현 tip} rack one's brains: 머리를 짜내다, pick one's brains: 누구의 지혜를 빌리다

flesh [fléʃ] 명 육체, 살, 정욕 동 살이 붙다

He soon began to flesh up.

그는 곧 살찌기 시작했다.

> {표현 tip} in the flesh: 실물로, 실제로

joint [dʒɔ́int] 몡 관절, 접합 부분

My left knee joint is stiff on rainy days.

내 왼쪽 무릎 관절은 비오는 날이면 뻣뻣해져.

'우리 같이 joint 하자' 라는 말 많이 들어봤죠? 서로 다른 그룹 둘이 모여서 뭔가 하자고 할 때 많이 쓰잖아요? 이렇게 joint는 두 개의 부분을 접합하는 곳, 또는 뼈들을 이어주는 관절을 가리키는 말이에요. 이제 joint의 의미가 감이 좀 잡히나요?

lung [lʌ́ŋ] 몡 폐, 허파

Smoking harms human lungs.

흡연이 폐를 해친다.

lung은 문장 속에서 종종 cancer(암)와 함께 자주 나오는데요, 폐암은 흡연으로 인해 생기는 질병이에요. 담배는 몸에 아주 나쁘죠!

{단어 tip} 위암: stomach cancer, 폐암: lung cancer, 간암: liver cancer

muscle [mʌ́səl] 몡 근육, 힘, 완력 동 억지로 들어가다, 나아가다

Playing tennis makes your leg muscle strong.

테니스를 치는 것은 다리 근육을 튼튼하게 만든다.

여기서 c는 발음이 안 된다는 사실! 발음은 [머슬]입니다.

{표현 tip} on the muscle: 폭력적인, 싸우려 하는

muscle in: 힘으로 끼어들다

organ [ɔ́:rgən] 몡 장기, 기관, (악기) 파이프 오르간

Sense organs of our body are eyes, a nose, ears and so on.

우리 몸의 감각기관은 눈과 코, 귀 등이다.

그리스어로 '도구, 악기'를 의미하지요. 교회나 성당에 가면 피아노와 비슷하게 생겼지만 소리는 사뭇 다른 악기가 있는데 그게 바로 organ입니다.

{발음 tip} [오르간]이 아니고 [오~r건]이라고 하세요. 따라 하세요, [오~r건] ~~

throat [θróut] 명 목구멍, 인후

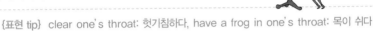

I cannot speak because I have a sore throat.
목이 아파서 목소리를 낼 수가 없다.

> {표현 tip} clear one's throat: 헛기침하다, have a frog in one's throat: 목이 쉬다

2 신체 외부

external [ikstə́:rnəl] 형 외부의

External parts of the human body are a nose, fingers, a mouth, and so on.
인간의 신체 외부 기관은 코, 손가락, 입 등이다.

> ex-(외부의) + tern(장소, 기관) + -al(~의: 형용사형 어미)로 구성된 단어에요. 앞에서 반대말 했던 거 생각나죠? ex- 대신 '내부'를 의미하는 in-를 넣으면 internal이 된답니다.

appearance [əpíərəns] 명 출현, 출석, 외모, 겉모양

I am not happy with my appearance because I think I am too fat.
난 내가 너무 뚱뚱하다고 생각하기 때문에 외모에 만족할 수 없다.

> '나타나다, 출연하다'를 의미하는 동사 appear에서 나온 명사인데요, 밖으로 드러나니까 '외모'가 되는 거지요. 동의어) features, figures

beard [bíərd] 명 턱수염

He wants to look older, so he grows a beard.
그는 나이 들어 보이고 싶어서 턱수염을 기른다.

> mustache는 코밑수염, whiskers는 구레나룻, 볼수염. sideburns는 (옆면의) 구레나룻, goatee는 염소수염.

blow [blóu] 명 주먹 동 (바람이) 불다, (연기, 입김을) 내뿜다

The strong wind suddenly blew my hat off.
강한 바람이 갑자기 내 모자를 날려버렸다.

15

pimple [pímpl] 명 여드름, 뾰루지

There are many pimples on my younger brother's face.

내 남동생 얼굴에 여드름이 많이 났다.

skin trouble의 주요 적은 pimple, blackhead(검은 피지), skin rash(발진) 등 많죠.
{단어 tip} acne: (화농성) 여드름

skin-deep [skín-dí:p] 형 깊지 않은, 얕은, 피상적인

People say beauty is just skin-deep.

사람들은 아름다움은 가죽 한 꺼풀일 뿐이라고 말한다.

skin은 피부를 뜻해요.
{단어 tip} skin deep: 사과 겉 핥기, an apple skin: 사과 껍질, a skin film: 야한 영화 ㅋㅋ

ugly [ʌ́gli] 형 못생긴, 추악한, 싫은

The evil magician made the handsome prince into an ugly frog.

악한 마법사가 잘생긴 왕자님을 못생긴 개구리로 만들었다.

handsome, pretty, beautiful의 반대말이죠. Snow-White Princess(백설공주), Ugly Duckling(미운 오리새끼), A Hunchback of Notre Dame(노틀담의 곱추) 같은 동화에 종종 등장하는 단어잖아요?

pale [péil] 형 창백한, 색깔이 엷은, 희미한

Sarah : You look so pale. What's wrong with you?
Grace : I have had a fever since this morning.

새라 : 그레이스, 너 아주 창백해 보여. 어디 아프니?
그레이스 : 아침부터 열이 좀 있어.

색깔이 너무 밝아지다 못해 창백해져서 거의 white에 가까워진 것을 pale이라고 해요. 얼굴이 pale해지면 아파서 얼굴색이 허옇게 뜬 것을 의미하죠.
{발음 tip} [페일]이 아니고 [페이얼]라고 발음하세요.

tongue [tʌ́ŋ] 명 혀, 말, 언어

We use our tongue for eating, tasting and speaking.

우리는 먹고 맛보고 말하는 데 혀를 사용한다.

> '모국어'를 가리켜 mother tongue이라고 하는 것 들어보셨는지요? 이처럼 혀는 맛보고 먹는
> 것 말고도, 말할 때 쓰이는 기관이기 때문에 '말, 언어'라는 뜻도 갖고 있답니다.
>
> {동의어} native language: 모국어

curly [kə́ːrli] 형 곱슬곱슬한, 고수머리의

Maria was born with curly hair.

마리아는 곱슬머리를 갖고 태어났다.

> curl 명 곱슬머리, 곱슬 + y(형용사형 어미) = curly

breast [brést] 명 가슴, 유방

Her dress partly uncovered her breasts.

그녀의 드레스가 그녀의 가슴을 부분적으로 드러냈다.

> 엄마가 아기에게 젖을 먹이는 신체기관이죠. 보통 breast는 둘이니까 breasts, 즉 -s를 붙
> 여 복수로 써요. 요새 남자들이 근육을 키운다고 운동하고 나서 chicken breast(닭 가슴살)를
> 즐겨먹는다죠?
>
> {단어 tip} chest, boobs: 여자 가슴, 유방(속어) breast cancer: 유방암

breath [bréθ] 명 숨, 호흡

Amy : I think James drinks beer today. I can smell it on his breath!

Ann : Right. His face is red, too.

에이미 : 오늘 제임스가 맥주 한 잔 마신 것 같아. 숨 쉴 때마다 냄새가 나는 걸!

앤 : 맞아. 게다가 얼굴까지 빨개.

> 동사는 breathe[bríːð] '숨을 쉬다' 발음 차이에 유의해야 해요. 참고로 '입 냄새'를 bad
> breath라고 한다는 것 알아두세요.

feature [fíːtʃər] 명 특징, 얼굴 생김새 (-s)

Her smile is her best feature.

그녀는 웃는 얼굴이 최고로 아름답다.

> '(어떤 것의 중요한) 특징'을 의미하니까 사람의 feature는 '얼굴 생김새'에서 나타나겠지요? 잡
> 지 기사로 실리는 '인물란'이라는 뜻으로도 사용해요.

nail [néil] 명 손톱, 발톱, 못 동 못을 박다, 마음을 알아채다

Wash your hands after cutting your nails.

손톱을 깎고 나서 손을 깨끗하게 씻어라.

> {표현 tip} You nailed me!: 너 내 맘을 알아챘구나!

thumb [θʌm] 명 엄지손가락 동 엄지를 치켜세우다

The movie, 'D-war' is so great. Two thumbs up!

영화 '디 워'는 정말 훌륭하다. (두 엄지손가락을 들어 올리며) 정말 대단해!

> 손가락으로 다양한 신호를 할 수 있는데 엄지손가락을 들어 올리는 것은 '최고(best)'를 의미하
> 죠. 그렇다면 엄지손가락 두 개를 다 들어 올리면 '아주 최고(super duper)'를 의미하겠죠?
> {발음 tip} b는 묵음이라서 발음하지 않지요. [썸]이라고 발음하세요.

waist [wéist] 명 허리

waist

Steven keeps his arm around his girlfriend's waist on the street.

스티븐은 길거리에서 여자 친구의 허리에 자기 팔을 감은 채로 있다.

> {발음 tip} 동사 waste(소비하다)와 발음이 똑같아요. [웨이스트]라고 하면 됩니당~

spot [spát] 명 반점, 얼룩, 장소, 현장

I have a lot of spots on my face.

내 얼굴에는 점이 참 많다.

> 장소, 몸에 난 반점을 가리키는 말로 잘 쓰여요.
> {표현 tip} a spot in the sun: 옥에 티, hit the spot: 만족스럽다, 명중하다

weight [wéit] 몡 무게, 중량, 체중, 체급

After her weight training, she seems to have lost her weight.

헬스 운동을 한 후 그녀는 몸무게가 줄어든 것으로 보인다.

> 부담이나 책임감도 가끔 이 단어로 표현하죠.
> {표현 tip} do weight training: 헬스하다

arm [áːrm] 몡 팔

He crosses his arms in the class.

그는 수업중에 팔짱을 끼고 있다.

> {표현 tip} arm in arm 서로 팔을 끼고
> fold one's arms 팔짱을 끼다

wrist [ríst] 몡 손목 동 손목을 써서 움직이다

She usually wears her watch on her right wrist because she is left-handed.

그녀는 왼손잡이기 때문에 주로 오른손목에 시계를 찬다.

> hand와 arm을 연결하는 부분. 여기서 w는 발음이 안 된다는 사실을 꼭 기억하자구여.
> {발음 tip} list[리스트]가 아니고 [뤼스트]라고 하세요!!

 신체 상해

burn [bə́ːrn] 동 타다, 태워버리다, 화끈거리다

Fire burnt almost every mountain in Greece.

불은 그리스에 있는 산을 거의 다 태웠다.

> 현재-과거-과거분사: burn-burnt-burnt. 매운 음식을 먹고 입안이 타는 것 같다고 할 때도
> 이 단어를 쓰지요.
> {표현 tip} My ears burn. 누가 내 얘기하나봐, 귀가 가려워.

disabled [diséibəl] 형 불구가 된, 무능력하게 된

This seat is for the disabled. Nobody can sit here.
여기는 장애인을 위한 자리입니다. 아무도 여기에 앉을 수 없습니다.

> 미국에서는 장애인들을 가리켜 the disabled(the + 형용사 = 복수명사)라고 하는데요. the
> handicapped도 의미는 같지만 잘 안 쓰지요. 왜냐하면 handicapped에 장애인을 동등하게
> 보지 않는 의미가 담겨 있어서 그래요. 정관사 the를 꼭 넣어야 해요.
> {표현 tip} 최근에 미국에선 장애인을 the physically challenged라고 말하죠. 훨씬 교양 있
> 고 품위 있는 말이에요. 원어민과 얘기할 때 사용해보세요.^^

blind [bláind] 명 장님, 햇빛가리개 형 눈먼, 장님의

I record my notebook on my mp3 to help my blind classmate.
눈먼 급우를 돕기 위해 나는 mp3에 내 노트를 녹음한다.

> a blind classmate는 교과서를 녹음해주거나 등교길을 함께하는 등의 도움이 필요하지요.
> {단어 tip} color blind: 색맹, Love is blind. 사랑은 맹목적이다.

hurt [hə́:rt] 동 다치다, 아프다, 상처주다

Sumi : I fell down on the way to school in the morning.
Dave : Did you get hurt?
수미 : 아침에 학교 가는 길에 넘어졌어.
데이브 : 어디 다쳤어?

> 몸이 다쳤을 때뿐만 아니라 마음에 상처를 입었을 때도 get hurt(상처 입다)라는 표현을 많이
> 쓰죠.
> {발음 tip} heart는 [하아rㅌ], hurt는 [허어rㅌ]

overweight [óuvərwèit] 형 너무 무거운 명 체중 초과

I am too fat now. I think I am overweight.
난 지금 너무 살쪘어. 과체중일 거야.

> over(~이상의)+weight(무게)가 합성되어 만들어진 단어죠. 그래서 평균 이상의 무게, 즉 초과
> 중량을 의미하게 돼요.
> {단어 tip} overweight luggage: 중량 한도를 초과한 화물

scratch [skrǽtʃ] 동 긁다, 할퀴다 명 긁힌 상처

A bug probably bit my back. Please scratch it.

아마도 벌레가 내 등을 물었나봐. 제발 거기 좀 긁어봐.

> 손톱이나 그 외에 날카로운 것으로 긁거나 할퀴는 행위를 가리켜요.
>
> {숙어 tip} from scratch: 무에서, 처음에서

pinch [píntʃ] 동 꼬집다, 집다, 꼭 끼다

Dave : Did lazy John really make this fancy table?

Jill : Pinch my arm. I cannot believe it.

데이브 : 게으른 존이 이 예쁜 테이블을 만들었다고?

질 : 내 팔 좀 꼬집어봐. 믿을 수가 없어.

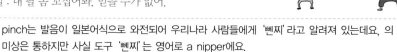

> pinch는 발음이 일본어식으로 와전되어 우리나라 사람들에게 '뻰찌'라고 알려져 있는데요, 의
> 미상은 통하지만 사실 도구 '뻰찌'는 영어로 a nipper예요.

rough [rʌf] 형 거친, 대강의, 울퉁불퉁한

My mom's hands are rough from hard work.

우리 엄마 손은 힘든 일 때문에 거칠어졌다.

> 표면이 울퉁불퉁하고 거친 것을 rough라고 해요. difficult와 같은 '까다롭다'라는 의미도 있어
> 요. 꼭 기억해두세요!
>
> {단어 tip} rough weather: 악천후, rough stone: 원석, in the rough: 대강의, 대충의

stiff [stíf] 형 뻣뻣한, 경직된, 굳은 명 융통성 없는 사람

I feel stiff in my shoulders because I worked so hard at my office yesterday.

나는 어제 사무실에서 너무 열심히 일해서 지금 어깨가 뻣뻣하다.

> 너무 딱딱하고 뻣뻣해서 구부러지거나 펴지기 어려울 때 stiff라는 단어를 쓰는데요, 사람에 대
> 해선 상대방의 관절이나 근육이 뻣뻣할 때 'You are stiff.'라고 하고, 성격이 경직되고 뻣뻣한
> 사람에게는 'You are rigid.'라고 표현하지요.

4 신체 활동 동사

pat [pǽt] (동) 가볍게 두드리다, 쓰다듬다

Mrs. Johnson said patting me on the shoulder, "Everything will be okay."

존슨 부인은 내 어깨를 가볍게 두드리며 "모든 것이 다 잘 될 거야"라고 말했다.

> 가볍게 신체의 한 부위를 두드리는 행위는 보통 격려나 위로로 해석되지요.
> {표현 tip} a pat on the back: 칭찬, 격려

slip [slíp] (동) 미끄러지다, 옷을 벗다, 실수하다 (명) 실수, 실언

The book slipped off on my knees.

책이 내 무릎에서 미끄러져 떨어졌다.

> 사고나 실수로 손에서 미끄러져 떨어지는 것을 의미하죠.
> {표현 tip} slip my mind: 잊어버리다

smooth [smú:ð] (동) 평탄하게 하다 (형) 매끈한

I really envy my younger sister's smooth skin.

나는 여동생의 매끈한 피부가 진짜 부럽다.

> smooth한 것은 표면이 '매끈한' 것을 의미하는데요, 술이 잘 넘어가는 것도 make the whisky smooth(위스키가 잘 넘어가게 한다)라고 하죠.
> {발음 tip} [스무스]가 아니고 [스무으드]라고 하세요.

creep [krí:p] (동) 기어가다, 살금살금 걷다 (명) 포복, 섬뜩한 사람

I am so tired that I am creeping up to my room.

나는 너무 피곤해서 내 방으로 기어 올라가고 있다.

> 조용히 느리게 움직이는 것이 creep이에요. 형용사로는 creepy: 섬뜩한, 무시무시한. 예전에 미국에서 TLC라는 그룹의 댄스곡이 한창 인기 있었죠. 그 노래 제목이 'creep' 이었어요.^^

raise [réiz] 동 들어 올리다, (동물, 식물을) 기르다

You raise me up, so I can stand on the mountains.

당신이 나를 일으켜주시기에 내가 산 위에 우뚝 올라설 수 있습니다.

> 비슷한 단어 rise[ráiz]는 '뜨다, 올라가다'를 의미하며, 목적어를 가지는 raise와는 달리 뒤에 목적어가 오지 않는 자동사에요.
>
> {표현 tip} I got raised today. 오늘 월급이 올랐어. Do not raise your voice. 목소리 높이지 마라.

slide [sláid] 동 미끄러지다, 활주하다 명 사태

The baseball player slides into home plate to score a run.

그 야구선수는 한 점을 얻기 위해 홈으로 미끄러졌다.

> land+slide=landslide는 산사태, snow+slide=snowslide는 눈사태를 의미.

rub [rʌb] 동 비비다, 문지르다

Aladdin rubbed his magic lamp to call out a genie.

알라딘은 지니를 불러내기 위해 마술램프를 문질렀다.

> 손이나 손가락으로 문지르고 비비는 것을 묘사할 때 쓰는 단어죠. 여러분이 목욕탕에서 때를 민다고 할 때도 사용하는 단어에요.

spread [spréd] 타동 쫙 펼치다, 벌리다 자동 퍼뜨리다, 퍼지다

He spread his hands wide and said, "Welcome to my house."

그는 손을 넓게 벌리고 말했다. "우리 집에 온 걸 환영한다."

> 과거-과거분사가 spread-spread로 같은 모양이에요. 누구나 볼 수 있게 쫙 펼쳐놓은 것을 spread라고 하죠. 소문이나 소식, 질병이 '널리 퍼지다'를 의미할 때도 spread를 써요.

stretch [strétʃ] 동 펼쳐지다, 기지개를 켜다

He yawned and stretched.

그는 하품을 하고 기지개를 켰다.

팔이나 다리 근육이 팽팽해지도록 쫙 펴는 행위. 운동할 때 많이 쓰여요.

{표현 tip} at a stretch: 단번에, at full stretch: 최대한 활용하여

swing [swíŋ] ⑧ 앞뒤로 오락가락 하다, 흔들다 ⑲ 그네

He swings a bottle of champagne to celebrate his promotion.

그는 승진을 자축하기 위해 샴페인 병을 흔든다.

명사로는 '그네', 동사로는 앞뒤로 오락가락 움직이다'를 의미하지요. 현재-과거-과거분사는 swing-swung-swung이에요.^^

2. 감정

1 감정을 나타내는 형용사

afraid [əfréid] ⑱ 두려워하는, 걱정하는

I am afraid that the big dog may bite me.

나는 저 큰 개가 나를 물까봐 두렵다.

> 어떤 일이 발생할까봐 미리 걱정하고 걱정할 때 afraid를 써요. 그리고 상대방의 요청을 공손하게 거절할 때도 I'm afraid를 써요. 예를 들면, 상대방이 도움을 요청할 때, I'm afraid I can't help you. (도와줄 수 없어 유감이에요.)

anxious [ǽŋkʃəs] ⑱ 걱정하는, 열망하는

Sarah is always anxious about her exams.

새라는 항상 시험 볼 때마다 걱정한다.

> '긴장하고 걱정하는'의 뜻으로 시험을 볼 때나 큰일을 치루기 전에 느끼게 되는 감정을 묘사할 때 써요. 명사 anxiety([æŋzáiəti] 걱정, 근심), 부사 anxiously([ǽŋkʃəsli] 걱정스럽게)의 발음에 유의하세요.

ashamed [əʃéimd] ⑱ 창피한, 굴욕적인

Sarah : Did Dave cheat in the exam again?

Chris : He is really ashamed of his behaviour this time.

새라 : 데이브가 이번 시험에서 또 부정행위를 했어?

크리스 : 이번에는 데이브가 정말로 자신의 행동을 창피해하고 있어.

> be ashamed of+⑲ 또는 be ashamed to+⑧의 형태로 문장에서 나타나죠. shameful은 '부끄러운, 부끄럽게 만드는'인 반면 ashamed는 '수치스러운'을 의미해요.

surprised [sərpráizd] 형 놀란
Don't be so surprised about your math exam score.
네 수학 시험 성적에 너무 놀라지 마.

> surprise 동 놀라게 하다 + ed(과거분사/형용사형 어미) = surprised

comfortable [kʌ́mfərtəbəl] 형 기분 좋은, 편안한
Ann : Why do you always wear a T-shirt and jeans?
Dave : Because they look cool and comfortable.
앤 : 왜 너는 항상 티셔츠와 청바지를 입니?
데이브 : 시원하고 편안하게 보이잖아.

> comfort([kʌ́mfərt] 안락, 편안) + -able(형용사형 어미: ~한)

disappointed [dìsəpɔ́intid] 형 실망한, 기대에 어긋난
woman : I was very disappointed of my son because he didn't visit me
　　　　during Chusok.
man : That's too bad.
여자 : 우리 아들이 추석에 나를 찾아오지 않아서 아주 실망했어.
남자 : 너무 안 됐는걸.

> 슬픈 감정의 표현. 슬프게 했으니 실망스럽다는 뜻으로 받아들여지
> 지요. frustrated[frʌ́streitid]는 '낙담되는'이란 뜻으로 비슷한 것 같
> 지만, disappointed보다 더 실망한 상태를 말해요.
> {발음 tip} [디스어포인티드] 하지 않고 [딧어포인팃] [딧어포이닛]
> 하고 발음해주면 고맙지요~~^^*

eager [íːgər] 형 열망하는, 간절히 하고 싶어하는
My little daughter is eager to have a teddy bear.
내 어린 딸은 테디베어를 간절히 갖고 싶어한다.

> be eager to + 동, be eager for + 명 : ~(하기)를 아주 열망하다

grateful [gréitfəl] 형 감사하는, 고맙게 여기는

Grace : I am so grateful for you helping me with my homework.
Ann : You're welcome. That's what friends are for!

그레이스 : 내가 숙제하는 데 도와줘서 고마워.
앤: 천만에. 친구 좋다는 게 그런 거지 뭐!

> Thank you for~와 I am grateful for~는 비슷한 표현처럼 쓰이지요. You are gracious
> ([gréiʃəs] 아랫사람에게 상냥한, 친절한) + to me for~도 유사한 상황에서 쓰이죠. 상당히 공
> 손한 표현이에요.

interested [íntəristid] 형 흥미 있는, 관심 있는

Mr. Smith is interested in making money all the time.
스미스 씨는 항상 돈 버는 것에 관심이 있다.

> '(사람)+is interested', '(사물) + is interesting'이라고 표현해야 해요.
> 명사형은 interest 호기심.
> {표현 tip} I am interesting. 난 흥미진진한 놈이에요.
> I am interested. 난 관심이 있어요. 두 문장의 의미가 완전히 달라요!!

mad [mǽd] 형 미친, 성난

I got really mad at my brother because he broke my toy.
남동생이 내 장난감 차를 망가뜨렸기 때문에 그에게 정말 화가 났다.

> mad와 crazy[kréizi]를 같은 의미로 보기 쉬운데 그 쓰임이 약간 달라요. mad는 일반적으
> 로 '정신 나간'으로 쓰이고 대화에서는 '많이 화남'으로 주로 쓰이죠. 반면에 crazy는 '엉뚱
> 한' 생각이나 어떤 것에 '지나치게 열중했을 때'라는 의미로 쓰여요.

nervous [nə́:rvəs] 형 긴장되는, 안절부절 못하는

Sarah : You look nervous today. What's wrong?
Bethany : I am going to have the final math test
       in one hour.

새라 : 너 오늘 좀 긴장돼 보여, 무슨 일 있어?
베써니 : 한 시간 후에 수학 기말고사를 볼 예정이거든.

한글 뜻을 보면 감 잡기 좀 힘들지요? 시험 보기 전이나 뭔가 큰일을 앞두고 '오줌 쌀 것처럼 걱정되고 긴장되는' 감정 있지요? 그게 nervous의 감정 상태죠. nerve([nə́:rv] 신경)에서 나온 단어에요.

pleasant [plézənt] 형 즐거운, 유쾌한, 기분 좋은
It is pleasant to get up early in the morning.
아침에 일찍 일어나는 것은 유쾌한 일이다.

please([pliːz] 통 기쁘게 하다)에서 나온 단어인데요, pleasant는 어떤 일이나 사물, 기분을 '유쾌하고 상쾌하게 만드는'을 주로 의미하므로 사람이 pleasant하다면 '친근한' 사람을 가리키는 거죠.^^

proud [práud] 형 뽐내는, 자랑스러운
My brother won the gold medal in the marathon race. I am so proud of him.
내 형이 마라톤 경주에서 금메달을 땄다. 난 그가 아주 자랑스럽다.

be proud of+명: ~에 대해 자랑스러워하다. proud와 of가 항상 붙어 다닌답니다.
{표현 tip} take pride in+명: 자랑스럽게 여기다

scared [skɛ́ərd] 형 두려워하는, 겁먹은
Tracy : My dog won't bite you. Don't be scared!
Grace : But he is looking at me.
트레이시 : 우리 개는 너를 물지 않을 거야. 겁먹지 마!
그레이스 : 그런데 저 개가 나를 보고 있잖아.

사람은 '두려워하는' 감정을 느끼고(scared) 사물이나 상대방은 '겁을 주는 또는 두려운'(scary) 것이지요. scared와 scary의 차이를 잘 구분해서 써보세요.

sleepy [slíːpi] 형 졸린, 졸린 듯한
The cat looks sleepy whenever I see her.
그 고양이는 내가 볼 때마다 졸려 보인다.

아침에 일찍 일어나 학교에 왔을 때, 점심 먹고 바로 5교시 수업 들어갈 때 아주 sleepy하죠? 특히 수면부족이나 감기약 먹어서 종일 졸리고 멍한 것을 groggy[ɡrɑ́ɡi] 라고 해요.

asleep [əslíːp] 형 잠들어 있는 상태의

John fell asleep during Smith's class, so she was very angry at him.

존은 스미스 선생님 수업시간에 잠이 들었고 그래서 선생님은 존에게 화가 많이 났다.

> asleep은 절대 명사 앞에 쓸 수 없어요. 예) an asleep person (X), a sleepy person (O)

awake [əwéik] 형 잠이 깬, 깨어 있는 상태의 동 깨우다, 각성하다

I was awake when a woman screamed on the street at midnight.

한밤중에 한 여자가 거리에서 비명을 질렀을 때 나는 잠이 깬 상태였다.

> a + wake([weik] 동 잠을 깨우다) 절대 명사 앞에 쓸 수 없는 형용사죠.
> 예) She keeps awake. 그녀는 계속 깨어 있는 상태다.

uncomfortable [ʌnkʌ́mfərtəbəl] 형 기분이 언짢은, 마음이 편치 못한

I feel so uncomfortable when I work with my boss in the office.

난 사무실에서 사장님과 일할 때 아주 불편하다.

> comfortable의 반대말이죠. un+comfort+able로 나눠서 보면 앞에 un—이 'not' 이란 의미를
> 갖고 있다는 것을 알 수 있죠. 일반적으로 영어단어에서 un—은 'not' 을 의미한답니다.

upset [ʌpsét] 형 화가 난, 기분이 상한 동 뒤엎다, 뒤집다

Mr. Brown was upset with me because I was often late for his class.

브라운 선생님은 내가 자신의 수업에 종종 늦어서 화가 났다.

> 실망스러워서 '화가 나고 속이 뒤집어지는 것 같은' 감정이 upset이에요.
> {표현 tip} My stomach is upset. 속이 뒤집혀 탈이 났어요.

awful [ɔ́ːfəl] 형 지독한, 아주 심한, 무서운

Jack : I think I have a bad cold. I feel awful.

Amy : Do you have any medicine at home?

잭 : 독감에 걸린 것 같아. 아주 심해.

에이미 : 집에 약은 좀 있어?

awe([ɔː]) 형 경외)+ful(형용사형 어미). 요즘은 싫다는 의미로 많이 쓰이는데 '아파서' 싫고
'혐오스러워서' 싫은 거죠. 예) A cheese smells awful. 치즈 냄새가 고약하다.
{발음 tip} [오플]이 아니고 [어~플]이라고 하세요.

awkward [ɔ́ːkwərd] 형 어색한, 거북한, 이상한, 이해가 안 되는
I felt awkward washing dishes during Chusok. I think that's for women.
추석 때 설거지를 하는데 마음이 좀 불편했다. 그건 여자들 일이라고 생각한다.

자신이 정상이라고 믿는 범위에서 좀 다른 일을 겪게 되거나, 자신이 생각지 못한 말을 듣게
되어 '기분이 불편하거나 이상한' 감정을 표현할 때 쓰는 단어에요.
{발음 tip} [어꿔어rd]라고 발음 연습을 많이 해야 해요~~

2 감정을 나타내는 동사

embarrass [imbǽrəs] 동 어리둥절하다, 황당하다
Jason : Please, don't embarrass me with so many questions in the class.
Grace : I am sorry. I thought you liked my questions.
제이슨 : 제발 수업시간에 많은 질문으로 나를 당황하게 하지 말아줘.
그레이스 : 미안해요. 난 당신이 내 질문들을 좋아할 줄 알았어요.

철자가 어려운 단어에요. 황당하다고 표현할 때 쓰는 가장 흔한 단
어에요.
{발음 tip} [엠바라스]가 아니고 [엄배뤄스]라고 해요. 연습 많~이
해야 합니당.^^

enjoy [endʒɔ́i] 동 즐기다, 누리다
Ann : Did you enjoy playing basketball with your cousin?
Chris : Yes, I did. My cousin is a good basketball player.
앤 : 너희 사촌과 농구 경기 하는 거 즐거웠니?
크리스 : 응. 우리 사촌은 훌륭한 농구 선수야.

en(동사형 어미)+joy(명) 즐거움), 그래서 동사가 된 것이죠. enjoy 뒤에는 명사가 오거나 동명
사(~ing)가 항상 온다는 것을 꼭 기억하세요. to부정사가 오면 절대 안 돼요!!

forget [fərgét] 통 잊다, 망각하다

Mom : Don't forget to lock the door when you go out.

Dave : Yes, mom.

엄마 : 밖에 나갈 때 문 잠그는 것을 잊지 마라.

데이브 : 예, 엄마.

> forget to+통: 미래에 해야 할 일을 잊다, forget+통~ing=과거에 했던 일을 잊다. 현재-과거-과거분사는 forget-forgot-forgotten이에요.
> 예) Don't forget to e-mail me when you get there. 거기 도착하면 이메일하는 거 잊지 마.

frighten [fráitn] 통 놀라게 하다, 겁나게 하다

Bethany : Your devil mask frightened me last Halloween.

Mike : I'm sorry about that.

베써니 : 너의 귀신가면 때문에 지난 할로윈에 많이 놀랐어.

마이크 : 미안해.

> surprise나 amaze와는 달리 '무섭게 해서 놀라게 하다'를 의미하죠. 한국말로 '놀라게 하다'라고 다 같은 뜻이 아니랍니다. 공포영화를 한 번 보세요. 이 단어의 뜻을 금방 느낄 거예요.

hope [hóup] 통 희망하다, 바라다 명 희망

Amy : I hope dad will come back home early tonight.

Mom : I hope so.

에이미 : 오늘 밤엔 아빠가 일찍 집에 돌아오셨으면 좋겠어요.

엄마 : 나도 그러길 바란단다.

> 순수한 바람을 나타낼 때 'I hope ~'라고 하죠.

mind [máind] 통 조심하다, 신경 쓰다 명 마음, 생각

Mike : Would you mind if I open the window?

Sarah : Yes, I mind.

마이크 : 제가 창문을 여는 게 싫으십니까?

새라 : 네, 싫어요.

refresh [rifréʃ] ⑧ 새롭게 하다, 원기를 회복시키다

Yoga can refresh you when you are very tired.

요가는 네가 피곤할 때 네 몸의 원기를 회복시켜줄 수 있어.

re(다시를 의미) + fresh(활기찬, 신선한) = refresh(다시 활기차게 만들다)

shout [ʃáut] ⑧ 소리치다 ⑲ 외침, 환호

If you meet a robber on the street at night, you should shout for help.

만일 밤에 거리에서 강도를 만나면, 도와달라고 소리쳐야 한다.

화가 나니까 혹은 상대방이 잘 못 들으니까 큰 소리로 shout!

{표현 tip} She shouts for a waiter in the restaurant. 그녀는 큰소리로 웨이터를 불렀다.

amaze [əméiz] ⑧ 놀라게 하다, 많이 놀라다

A handicapped pianist amazed the world by the success of her concert.

한 장애인 피아니스트가 뛰어난 콘서트로 세계를 놀라게 했다.

surprise보다 더 '많이 놀라다'라는 의미에요.

exclude [iksklú:d] ⑧ 제외시키다, 배제하다, 추방하다

Many teenagers feel being excluded in society these days.

요즘 많은 십대들이 사회에서 소외되었다고 느낀다.

ex(바깥의) + clude의 반대말은 in(안쪽의) + clude = include 포함시키다.

{발음 tip} [익스클루~드]라고 해주세요.

32

confuse [kənfjúːz] 동 혼란스럽게 하다, 혼동하다

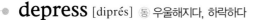

Tracy : My boss says that we should change our project.
Jason : I am so confused what to do.
트레이시 : 직장 상사가 우리 프로젝트를 바꿔야 한다고 하네.
제이슨 : 어찌해야 할지 혼란스러워.

둘 중에 무엇을 골라야 할지, 어떻게 해야 할지 판단이 서지 않을 때 confused하죠.

depress [diprés] 동 우울해지다, 하락하다

Grace : I think I better not apply for the college.
Ann : That depresses me.
그레이스 : 난 대학에 지원 하지 않는 게 나을 것 같아.
앤: 그 얘기를 들으니 우울해진다.

요즘 언론에서 우울증 얘기가 많이 나오죠? 우울증, 신경쇠약, 경기침체, 이 모두를 묘사할 때
depression이라는 단어를 사용해요.
{단어 tip} the depression: 대공황, 경기침체

annoy [ənɔ́i] 동 귀찮게 하다, 짜증나게 하다, 괴롭히다

Steven : Excuse me, your dog's barking annoys me.
Mark : I am sorry.
스티븐 : 실례합니다. 당신 개가 짖는 소리 때문에 짜증이 나요.
마크 : 죄송합니다.

'성가시고 귀찮게 해서' 결과적으로 화나게 한다는 의미를 가지고 있죠. 우리가 흔히 쓰는 짜
증나게 한다고 할 때 적합한 단어죠.^^

regret [rigrét] 동 후회하다, 뉘우치다, 유감으로 생각하다

Dave : I should have studied hard in high school.
Jill : Don't regret it. Do your best now!
데이브 : 고등학교 때 열심히 공부했어야 하는 건데.
질 : 너무 후회하지 마. 지금 최선을 다해!

regret + 동~ing 하면 과거의 일에 대해 후회하며 뉘우친다는 의미예요.

reject [ridʒékt] 동 거절하다, 거부하다

Mr. Johnson was rejected in a fancy restaurant because he did not wear a formal suit.

존슨 씨는 정장을 입지 않기 때문에 고급 식당에서 거절당했다.

> 제안이나 사람, 어떤 상황을 받아들이지 않거나 동의하지 않을 때 사용한답니다. 동의어에는 refuse가 있죠.

relax [riléks] 동 쉬다, 긴장을 늦추다, 안정하다

Allen : I have a headache.

Grace : Take a walk outside. Fresh air will relax you.

앨런 : 머리가 너무 아파요.

그레이스 : 나가서 산책해봐요. 맑은 공기가 당신을 좀 안정시켜줄 거에요.

> feel relaxed: 안정감을 느끼다, 편안함을 느끼다
> relaxed 또는 relieved[rilíːv] 둘 다 어떤 걱정이나 근심, 긴장에서 풀리거나 '안심하고 느슨해지는' 상태를 가리키지요.

satisfy [sǽtisfài] 동 만족해하다, 충족하다, 맘에 들다

The restaurant always satisfies me with an excellent food.

그 식당은 항상 좋은 음식으로 날 만족시킨다.

> be satisfied with~: ~로 만족하다. 수동태 형태로 가장 많이 사용되죠. disappoint(실망하다)와 상반되는 단어에요.

shock [ʃák] 동 충격을 주다 명 충격, 놀람

Tracy was shocked at the news that her dad died from a factory fire.

트레이시는 그녀의 아버지가 공장 화재로 돌아가셨다는 소식을 듣고 충격을 받았다.

> surprise나 amaze보다 더 강한 의미. 너무 놀라서 충격을 받았다라고 할 때 쓰여요.
> {발음 tip} [쇼크]라고 하면 김치발음이 되고 [쇼약]이라고 힘줘서 발음하세요!

threaten [θrétn] 동 위협하다, 협박하다, 겁주다

A robber threatened a woman to take her money on the street.

한 강도가 거리에서 앤으로부터 돈을 뺏기 위해 위협했다.

> threat[θrét] 명 위협 + en(동사형 어미): threaten
> {발음 tip} [스레튼]이 아니고 [쓰렛~은] 하고 해주세요. 다 같이~~~

cheer [tʃíər] 동 격려하다, 환호하다

Many girls came to cheer their football team at the stadium.

많은 소녀들이 경기장에 자기 축구팀을 응원하기 위해 왔다.

> 미국인들은 다같이 Cheers!(건배)라고 외치죠. cheerleaders는 앞에서 응원하는 팀원들을 가리키는데, 반면에 cheer girls란 표현은 이제 쓰지 않아요.

hesitate [hézətèit] 동 주저하다, 망설이다

Mom : Why do you hesitate to go back to school?
Son : I am not sure that I can do well.

엄마 : 왜 학교로 다시 돌아가는 것을 주저하니?
아들 : 잘 해낼 수 있을지 모르겠어요.

> 행동이나 말에서 하고 싶지 않거나 확신이 서지 않아서 주저함을 표현할 때 쓰는 단어죠.
> {표현 tip} Someone who hesitates is lost. 망설이는 자는 기회를 놓친다.

trust [trʌst] 동 신뢰하다 , 확신하다, 맡기다 명 신뢰

Sarah : If I didn't trust Tom, I would not marry him.
Dave : Right. Trust is the most important thing in a
marriage.

새라 : 내가 탐을 신뢰하지 않는다면 그와 결혼하지도 않았겠지.
데이브 : 맞아. 신뢰는 결혼에서 가장 중요해.

> believe와 같은 의미로 쓰이지만 '물건을 위탁하다' 라는 의미로도 쓰여요.
> 예) I trust him with my life. 나는 그에게 내 생명을 맡긴다.

feeling [fíːliŋ] 몡 느낌, 감각, 감정

I have feelings about the big danger in Baghdad.

나는 바그다드 시내에서 큰 위험을 감지하고 있다.

> feel(느끼다)+~ing(동명사형 어미)가 하나의 명사를 만든 거죠. a feeling, feelings로 단/복수
> 를 구분해서 써요.

pity [píti] 몡 연민, 동정, 불쌍히 여김

Mark : Did you know Dave's mom died last week?

Grace : Really? What a pity!

마크 : 데이브 엄마가 지난주에 돌아가신 거 알고 있었니?

그레이스 : 정말? 참 안됐다!

> It's a pity that 주+동 : '~하게 되어서 유감이다/불쌍하디'를 의미하지요.
> {발음 tip} [피티]라고 하지 않고 [피디] 또는 [피리]라고 발음하면 원어민에 더 가깝죠.

pleasure [pléʒər] 몡 기쁨, 즐거움, 유쾌함

Stephen : Thank you for inviting me to your birthday party.

Sarah : It's my pleasure.

스티븐 : 생일 파티에 초대해주셔서 감사합니다.

새라 : 오히려 제가 기쁩니다.

> 즐기기 위해 책을 읽는 것을 "I read books for pleasure."라고 해요. 또, "Thank you."에
> 대한 공손한 대답으로 "(It's) my pleasure."라고 하니까 꼭 기억해두세요.

stress [strés] 몡 긴장, 억압, 강조 동 강세를 두다

He is under a lot of stress because of his job.

그는 일 때문에 심한 스트레스를 느낀다.

> stress는 '단어나 문장 내의 강세'를 의미하거나 현대인들의 stress(압박감, 스트레스)를 표현
> 하는 데 많이 쓰여요.^^

burden [bə́:rdn] 몡 짐, 부담 몡 의무를 진

Single moms have a big burden of raising their
children by themselves.

싱글 맘들은 아이들을 그들 스스로 길러야 한다는 큰 부담을 가진다.

> 일반적으로 유형의 '무거운 짐'을 의미하지만, 비유적인 표현으로 무형의 '책임,
> 의무'의 뜻으로도 많이 쓰이죠.
> {발음 tip} [버든]보다는 [ㅂ┤r~은] 하고 발음하면 당신은 원어민!!

시구들이 배불리
먹을 수 있겠어.

concern [kə́nsə:rn] 몡 염려, 관심 몡 걱정하다, 관심 갖다

TV reporters showed great concern to terrorists.

TV 기자들은 테러리스트들에게 큰 관심을 보였다.

> worry와 더불어 '걱정, 염려, 관심'이라는 뜻으로 많이 쓰이죠. 그러나 상대방의 염려에 고마워
> 할 때는 일반적으로 'Thank you for your concern.'(염려해주셔서 감사합니다)라고 해요.

delight [diláit] 몡 기쁨

Grace : Do you know my husband cried with delight when I was pregnant?

Ann : He is so sweet.

그레이스 : 너 우리 남편이 내가 임신했을 때 너무 기뻐서 울었던 거 알아?

앤 : 네 남편 정말 사랑스럽다.

> pleasure보다 더 기쁜 감정을 표현할 때 쓰여요.

emotion [imóuʃən] 몡 감성, 감정

Happiness is the emotion that most people want to have.

행복은 모든 사람들이 갖고 싶어 하는 감정이다.

> feeling과 같은 의미로 쓰이죠. 반대말은 thoughts(사고, 이성)가 되겠죠?
> {표현 tip} He performs with his emotion on the stage. 그는 감정을 실어서 연기해.

fear [fíər] 명 두려움 동 두려워하다

Most children have a fear of darkness in the closet.
대부분의 아이들은 옷장 속 어두움에 두려움을 느낀다.

> 미국에서 인기 있는 TV 프로그램 중에 'Fear Factor'라는 프로가 있어요 사람들이 두려워하는 뱀이나 벌레, 소 내장 같은 것을 만지거나 먹는 미션을 가장 잘 수행하는 사람에게 상금을 주는 프로그램인데요. 두려워요.ㅠㅠ

grace [gréis] 명 은혜, 우아, 미덕, 기도

By the grace of God, we live happily.
하나님의 은혜로 우리는 행복하게 산다.

> 밥 먹기 전에 '식사 기도해줄래?'라는 표현으로 'Will you say grace?'라고 하죠. 영화에 많이 나오는 말이에요.

horror [hɔ́:rər] 명 공포 형 오싹하는, 무서운

Yesterday, I saw a Japanese horror movie, 'Beneath dark water.'
어제 나는 일본 공포영화, '검은 물 밑에서'를 봤다.

> 여름에 사람들이 가장 즐겨 보는 영화는 단연 horror movie(공포 영화)! 이번 여름에는 뭐가 나올라나?

impression [impré∫ən] 명 인상, 감명, 느낌

Dad : Son, the first impression is the most important when you go to the interview.
Son : Thanks, Dad.
아빠 : 아들아, 첫인상은 인터뷰할 때 가장 중요하단다.
아들 : 고마워요, 아빠.

> impression은 '내적인 느낌, 인상'을 의미하는 반면에, ex(외적인) + press(찍다) + ion(명사형 어미): '외적인 표현'(expression)이라고 해요. 동사는 impress!
> {표현 tip} The first impression lasts forever. 첫인상이 모든 걸 좌우한다.

joy [dʒɔ́i] 명 기쁨, 즐거움

My daughter shouted with joy because of a picnic on Sunday.

내 딸은 일요일 소풍 때문에 기쁨의 환호를 외쳤다.

우리가 행복할 때 느끼는 기쁨이 joy지요. pleasure랑 비슷해요.

mood [múːd] 명 기분, 분위기

Grace : Professor Kim is in a bad mood. Be careful!

Ann : Then, I will visit him tomorrow.

그레이스 : 김 교수님 오늘 별로 기분 안 좋아 보이시던데. 조심해!

앤 : 그러면 내일 방문해야겠다.

사람의 기분 상태를 말할 때 쓰죠. 만일 오늘 엄마가 in a good mood(기분이 좋은 상태)시라면 용돈 좀 올려달라고 얘기해도 되겠죠? ㅎㅎ

{발음 tip} [무드]가 아니고 [무~으드]라고 하면 very good.

pride [práid] 명 자긍심, 자만

Sarah takes pride in her smart son who entered Harvard University.

새라는 하버드 대학에 들어간 똑똑한 아들을 자랑스러워한다.

take pride in = be proud of = pride oneself on: 자기의 만족감에 대한 감정 표현이죠.

{단어 tip} pride and prejudice: 오만과 편견

sympathy [símpəθi] 명 동정, 공감, 유감

I want to express my sympathy on your father's death.

저는 당신의 아버님의 죽음에 깊은 유감을 표하고 싶습니다.

sym(같은) + path(그리스어로 마음) + y(명사형 어미) = sympathy. 상대방과 같은 마음을 품고 함께 슬퍼하면 '동정'이 되고, 생각에 함께 동의하면 '공감'이 되겠죠. 형용사형은 sympathetic([pəθétik] 동정적인).

tear [tiə́r] 명 눈물 동 흘리다 [tɛə́r], 찢다

He shows his tears when his father was dead.

그는 그의 아버지가 돌아가셨을 때 눈물을 보였다.

My teacher tears his important papers.

우리 선생님은 중요한 서류들을 찢어버린다.

> 발음이 다르면 뜻도 달라져요. 문맥에 따라 달라지는 뜻을 유의해서 보세용~

tension [ténʃən] 명 긴장

The tension between mom and dad drives me crazy.

엄마와 아빠 사이의 긴장감이 나를 미치게 만든다.

> tense([tens] 형 긴장된) + ion(명사형 어미) = tension. tension은 시험 전에 생기는 긴장감과
> 는 좀 다르죠. '두 개 사이에서 느껴지는 불안감, 긴장감'을 의미해요.
>
> {표현 tip} tension of the muscles: 근육의 긴장, vapor tension: 증기압

3. 감각

 시각

monitor [mánitər] 동 점검하다, 체크하다

Son : Dad, what are you doing?

Dad : I am monitoring water pipes. Water is leaking somewhere.

아들 : 아빠, 뭐하고 계세요?

아빠 : 수도관들을 점검하고 있단다. 어딘가 물이 새고 있어.

> 사람이나 사물을 주의해서 '감시하거나 점검하면서 보는 행위'를 monitor라고 해요.

observe [əbzə́:rv] 동 관찰하다, (법을) 준수하다

Teacher : Let's observe the movement of the stars.

Student : Do we have to draw it in our notebook?

선생님 : 별의 움직임을 관찰합시다.

학생 : 노트에 그것을 그려야 하나요?

> 뜻이 두 개이기 때문에 명사형도 observation 명 관찰, observance 명 준법, 준수, 두 개로 나눠지죠. 꼭 기억해두세요.

seem [síːm] 동 ~처럼 보이다, ~인 듯하다

Mom : You seem so busy today.

son : I have to finish my math homework tonight.

엄마 : 너 오늘 바쁜 것 같다.

아들 : 오늘 밤에 수학 숙제를 끝내야 하거든요.

> '~인 것처럼 보이는' 것이 seem인데요. 문장에서 seem to + 동 또는 seem + 형 의 구조로 나타나요.
>
> {표현 tip} You don't seem to be your age. 넌 나이에 비해 젊어 보여.

sight [sáit] 명 시야, 시력, 구경거리, 풍경

Tracy : My eye sight is getting weak. I can't see
      the TV screen well.

Ann : If so, you have to wear glasses.

트레이시 : 시력이 나빠지고 있어. TV 화면이 잘 안 보여.

앤 : 만일 그렇다면 안경을 써야 해.

> see의 명사형인 sight는 '보는 능력, 보는 것, 보는 행위'를 의미하지요.

view [vjú:] 동 바라보다 명 관점, 풍경, 경치

Stephen : Look at the view outside!

Sarah: The view from our window is so wonderful.

스티븐 : 밖에 경치 좀 봐!

새라 : 우리 창문에서 보는 풍경이 정말 멋지다.

> in your view 하면 '너의 관점에서'를 의미해요. '관점, 의견'의 의미로 신문 사설에 많이 쓰이
> 죠. in your point도 같은 의미죠. 묻지도 따지지도 말고 그냥 외우세요!ㅋ

visual [víʒuəl] 형 시각적인

John : I am a visual person. I like drawing pictures when I write in a
      notebook.

Mark : I am not a visual person.

존 : 난 시각적인 사람이야. 노트에 쓸 때 그림 그리는 것을 좋아해.

마크 : 나는 시각적인 사람은 아냐.

> a visual person은 그림이나 도표 같이 시각적 자극을 통해 내용을 빨리 익히는 사람을 말해요.

vision [víʒən] 명 시력, 미래상, 꿈

Steven's vision is to become the president of the United States.

스티븐의 꿈은 미국 대통령이 되는 것이다.

> '시력'을 의미할 때는 sight와 같은 의미로 쓰이기도 하지만, '미래상, 꿈'의 의미로도 함께 쓰
> 여요.

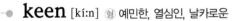

2 청각

deaf [déf] 휑 귀먹은, 귀를 기울이지 않는
Sandy cannot hear well because she is deaf.
샌디는 귀가 먹었기 때문에 잘 들을 수 없다.

> 신체장애(disability[dìsəbíləti]) 중 하나인데요, 헬렌 켈러는 deaf하고 blind([blaind] 눈 먼)
> 한 장애인이었지요.
> {단어 tip} You are such a tone-deaf. 너 완전 음치구나.

faint [féint] 휑 희미한, 약한

Sarah : Don't you hear a faint sound of a crying
baby outside?
Mike : No, it sounds like a cat.
새라 : 밖에서 아기 우는 소리가 희미하게 들리지 않아?
마이크 : 아니, 고양이 소리 같은데.

> 동사로 '기절하다' 라는 뜻도 있어요.
> 예) Ann fainted out in the playground. (앤은 운동장에서 기절했다.)

keen [kí:n] 휑 예민한, 열심인, 날카로운
Dogs cannot see well but they have keen hearing.
개들은 잘 볼 수 없지만 예민한 청력을 가지고 있다.

> keen supporters([səpɔ́:rtər] 열성 지지자들)에서 볼 수 있듯이 keen은 '뭔가에 열성적인'을
> 의미해요.

3 촉각

sensitive [sénsətiv] 휑 민감한, 성격이 예민하고 소심한
Grace : My skin is so sensitive that I can use only a gentle lotion.
Jill : That's too bad.
그레이스: 피부가 너무 민감해서 순한 로션만 쓸 수 있어.
질: 안됐다.

soft [sɔ́ːft] 혱 부드러운, 연한, 연약한

I like listening to soft music like Ballads.

난 발라드 같은 부드러운 음악 듣는 걸 좋아해.

4. 성격

1 - 사람의 성격

brilliant [bríljənt] 형 똑똑한, 뛰어난, 훌륭한

Martin is known for a brilliant student in the writing class.

마틴은 작문반에서 뛰어난 학생으로 통한다.

> 어떤 특정한 영역에서 뛰어난 사람을 가리킬 때 brilliant라고 하는데요, 특히 어떤 분야에서 뛰어난 학생을 수식할 때 많이 쓰여요. 최고의 칭찬이죠.^^*

fortunate [fɔ́:rtʃ(ə)nit] 형 운이 좋은, 행운의

Ann : John wasn't hurt at all in a traffic accident.

Greg : What a fortunate man he is!

앤: 존이 교통사고 때 전혀 다치지 않았대.

그렉 : 진짜 운 좋은 녀석이네!

> fortune 명 행운 + ate(형용사형 어미) = fortunate. lucky[lʌ́ki]와 같은 표현이죠. 반대말은 unfortunate!
> {발음 tip} [훠츄네이트]라고 하지 말고 [훠r츄닛]이라고 발음하세요.

cruel [krú:əl] 형 잔혹한, 인정사정없는

Steven is so cruel that he kills butterflies.

스티븐은 나비를 죽일 정도로 잔인하다.

> 사람이나 동물에게 고통 주기를 좋아하는 성격을 묘사할 때 사용해요.ㅠㅠ

wise [wáiz] ⑱ 현명한, 사려깊은

We have to listen to old people's advice. The older, the wiser.

우리는 나이 든 사람들의 충고를 들을 필요가 있다. 나이가 들수록 더 현명해지니까.

> 조언이나 판단을 믿을 수 있는 사람을 wise하다고 하지요. 역사적으로 동양에선 나이든 사람
> 들을 wise하다고 믿고, 그 지역사회(local community[kəmjú:nəti])의 큰 어른(leader)으로
> 모셨답니다. smart(영리한)하고는 의미가 약간 달라요.

wonderful [wʌ́ndərfəl] ⑱ 놀라운, 훌륭한

Koreans enjoy wonderful autumn weather these days.

한국인들은 요즘 멋진 가을 날씨를 즐기고 있다.

> 아주 좋은 상태를 wonderful이라고 해요. very good보다
> 더 좋다고 말하고 싶을 때 wonderful을 쓰면 되지요.

warm-hearted [wɔ́:rm há:rtid] ⑱ 인정이 있는, 온정의, 마음이 따뜻한

My school teacher is warm-hearted so that he helps many students.

우리 학교 선생님은 마음이 따뜻해서 많은 학생들을 도와준다.

> warm ⑱ 따뜻한 + heart ⑲ 마음 + ed(과거분사/형용사형 어미) = warm-hearted. 합성어를
> 잘 분석해보면 단어의 의미를 쉽게 파악할 수 있죠. 반대어 cold-hearted: 냉정한, 쌀쌀맞은

smart [smá:rt] ⑱ 재치 있는, 영리한, 말쑥한

Kyle : Do you know only Tom passed the job interview at IBM?

Jill : Tom is so smart.

카일 : 탐만 IBM 인터뷰 시험에 통과한 거 아니?

질 : 탐은 매우 영리한 거 같아.

> clever[klévər]와 비슷하게 '영리한, 재치 있는'의 의미로 쓰이지요. 또한 '단정하고 말쑥한'
> 외모를 의미할 때도 쓰이는데 I was dressed in a smart suit. 하면 '나는 말쑥한 정장을 입
> 었다'를 의미한답니다.

polite [pəláit] 형 공손한, 예의 바른

It is not polite to say something with your mouth full.
입 안에 음식이 가득 있을 때 뭔가를 말하는 것은 예의에 어긋난다.

> polite하다는 것은 문화마다 의미가 다르죠. 미국에선 지나다가 낯선 사람과 부딪치면 꼭 'I'm sorry.'라고 사과해요. 하지만 한국에선 웬만하면 그냥 지나치지요. 그래서 외국인들이 한국인들을 'not polite'하다고 하는데 모든 한국인들이 원래 무례한 건 아니잖아요?

lazy [léizi] 형 게으른

Jason : What about having a Chinese class together this summer?
Tracy : Sorry, I am too lazy to do something new.
제이슨 : 이번 여름에 함께 중국어 수업을 듣는 건 어때?
트레이시 : 미안해, 난 너무 게을러서 뭔가 새로 하기가 싫어.

> 일도 안 하고 노력도 하지 않는 사람을 a lazy person이라고 하죠.
> 반대말은 industrious, diligent. 암기 필수!

hardworking [háːrdwə̀ːrkiŋ] 형 열심히 일하는

Ann : How is your project going? Grace has already finished the first project.
Sarah : She is always hardworking.
앤 : 프로젝트는 어떻게 진행되고 있어? 그레이스는 이미 첫 번째 프로젝트를 끝냈대.
새라 : 그녀는 언제나 열심히 일하는 편이잖아.

> hard 부 열심히 + work 동 일하다 + ing(현재분사/형용사형 어미) ~하는 = hardworking

diligent [dílədʒənt] 형 부지런한, 근면한

Mike : My boss likes Greg a lot. Do you know why?
Tom : Because Greg is the most diligent person in our office.
마이크 : 우리 사장님은 그렉을 많이 좋아해. 왜 그런지 아니?
탐 : 그렉이 우리 사무실에서 가장 부지런한 사람이거든.

> 회사에서 고용주가 가장 좋아하는 사람은 a diligent person이죠. hardworking한 상태가 꾸준한 사람이잖아요.

cool [kúːl] 형 서늘한, 멋진, 훌륭한

Sandy : Mike will have a party at his apartment tonight.
Stephen : Sounds cool!

샌디 : 오늘 밤 마이크가 자기 아파트에서 파티할 거래.
스티븐 : 정말 멋진걸!

> 날씨가 선선하고 시원한 것을 'cool'이라고 하지만, 미국에선 '멋지다'의 의미로도 많이 쓰여요.
> {발음 tip} [쿨]이 아니고 [쿠~을]이라고 하세요. 연습 많이 해야 할 걸요?^^

brave [bréiv] 형 용감한

Sam : Have you read about a brave man's story in the newspaper?
Jill : Yes. What a brave man he is!

쌤 : 용감한 남자 이야기를 신문에서 읽어 봤니?
질 : 응. 그는 정말 용감한 사람이야!

> 2007년에 'The Brave One'(용감한 사람)이라는 영화가 개봉했었죠. 비슷한 단어로는 coura-
> geous[kəréidʒəs] 가 있어요.

careful [kɛ́ərfəl] 형 주의 깊은, 조심스런

My sister is a careful person. She checks every door in the house at night.

내 여동생은 조심성 많은 사람이다. 그녀는 밤에 집 안에 있는 모든 문을 확인한다.

> care 명 주의, 걱정, 돌봄 + ful(형용사형 어미) ~한 = careful. 반대말은 care + less(형용사
> 형 어미) ~없는 = careless([kɛ́ərlis] 조심성 없는). 단어의 조합된 방식을 잘 보면 단어 뜻만
> 아니라 반대말도 보여요.^^

helpful [hélpfəl] 형 도움이 되는

My big brother is so helpful to me when I study English.

우리 형은 내 영어공부에 많은 도움을 준다.

> help 동 돕다 + ful(형용사형 어미) ~한 = helpful
> {발음 tip} [헬프플]이라고 하면 절대로 안 돼요. [헤얼플]이라고 하세요. 열 번만 연습해보세요!

humorous [hjúːmərəs] 형 익살스러운, 재미 있는

My teacher is humorous because she makes students laugh all the time.
우리 선생님은 유머러스해서 항상 학생들을 웃긴다.

> funny와 다른 점은 humorous는 재치있는 방식으로 funny하다는 것. 보통 말 잘해서 웃긴
> 사람을 humorous하다고 하지요.
> {발음 tip} [휴머뤄스] [유머뤄스] 둘 다 가능하지만 [유머뤄스]를 더 즐겨 발음해요. ㅎㅎ

patient [péiʃənt] 형 참을성 있는, 인내력 있는 명 환자

My friend is so patient. He even studies hard in his noisy house.
내 친구는 꽤 인내력이 있다. 그는 시끄러운 집에서도 열심히 공부한다.

> 병원에 입원해 있는 환자(patient)는 참을성(patient)이 있어야 모든 치료과정을 잘 견뎌낼 수
> 있지요. ㅋ

stupid [stjúːpid] 형 어리석은, 머리가 둔한, 바보 같은

My cat is very stupid because she is scared of mice.
내 고양이는 생쥐 한 마리를 두려워할 정도로 아주 멍청하다.

> stupid는 '멍청한'을 뜻하며 상대방을 모욕하는 의미로 쓰이지만
> silly는 모욕하지 않는 범위에서 '내용이나 질문이 시시한'을 의미해
> 요, foolish 역시 stupid만큼 모욕적인 의미로 쓰이지 않아요.
> {발음 tip} [스튜피드]가 아니고 [스뚜삣]이라고 발음하세요. 다 같이
> [스뚜삣]~~

aggressive [əgrésiv] 형 공격적인, 적극적인

Sally : Some Koreans become aggressive when they play soccer with Japan.
Eugene : Because Japan is our rival.
샐리 : 몇몇 한국인들은 일본과 축구 경기할 때 공격적이 되는 것 같아.
유진 : 일본이 라이벌이라서 그래.

> aggress 동 시비를 걸다 + -ive(형용사형 어미) ~하는, ~한 = aggressive

competitive [kəmpétətiv] 廖 경쟁력이 있는, 뛰어난

He is so competitive that he always places among the top 10 in the school.

그는 아주 뛰어나서 학교에서 항상 전교 10등 안에 든다.

> 한국말로 '경쟁심이 강한'은 별로 칭찬의 뜻이 아니지만 영어
> 로는 칭찬이 될 수 있어요. 사실 추천서에 '아주 열심히 노력하
> 는' 사람이라는 의미로 'He/She is a competitive person.'
> 이라고 언급해주기도 합니다. 좋은 얘기죠.
> {발음 tip} [컴페티티브]라고 하면 우습기도 하고 어렵죠?
> [컴페뤄티v]라고 발음해보세요. 많이 연습해야 합니다.^^

confident [kánfidənt] 廖 자신감 있는, 당당한

Jill : How was your job interview?

Grace : I am not confident about that.

질: 오늘 면접 어땠어?

그레이스 : 별로 자신 없어.

> 명사형으로는 confidence가 있지요.

conservative [kənsə́:rvətiv] 廖 보수적인

My father is conservative. That's why I have to come back home before 10 pm.

우리 아버지는 보수적이다. 그래서 나는 저녁 10시 전에 집에 들어가야 한다.

> 미국에선 Texas 사람들을 conservative하다고 해요. 아마 시골이고 과거의 전통과 관습을 고
> 수하는 사람들이 많아서 그런 것 같아요.
> {발음tip} [컨써r버티브]라고 해주세용.^^

curious [kjúəriəs] 廖 호기심 있는, 궁금한

Grace : My students are really curious about India.

Ann : Because they don't know anything about India.

그레이스 : 우리 학생들이 인도에 대해 정말 호기심이 많네.

앤 : 인도에 대해 아는 게 없어서 그럴 거야.

cute [kjúːt] 형 귀여운, 이쁜

Sarah : Your dog is so cute.
Ann : He is just six months old.
새라 : 너의 집 개 너무 귀엽다.
앤 : 겨우 6개월 됐거든.

> 주로 애완동물이나 아이에게 많이 쓰지만 미국에서는 잘생긴 여자와 남자에게도 cute라고 표현해요.^^

dear [díər] 형 사랑스러운, 친애하는 명 애인, 연인

> 편지나 이메일 쓸 때 Dear 또는 Dearest(사랑하는 ~에게)로 시작하죠. 꼭 사랑하지 않아도 편지의 형식상 'Dear'로 시작하는 것이 일반적이에요.
> {표현 tip} Dear friend, 정다운 친구에게

dependent [dipéndənt] 형 의존적인, 의지하는, 신뢰하는

My father is so dependent on my mother with many things.
우리 아버지는 우리 엄마에게 많은 것을 의지한다.

> depend 동 의존하다 + -ent(형용사형 어미) ~한 = dependent. 반대말은 independent: 독립적인.

attractive [ətræktiv] 형 매력적인

Jill : Don't you think my girl friend is attractive?
Sarah : I think so.
질 : 내 여자 친구 매력적이라고 생각지 않니?
샐라 : 그렇게 생각해.

> attract[ətrækt] 동 매혹시키다, 끌다 + -ive(형용사형 어미) ~한 = attractive
> {발음 tip} [어트랙티브]가 아니고 [어추랙티브] 강추!

independent [ìndipéndənt] 형 독립적인, 의존하지 않는

Grace is so independent that she never asks her parents to help her.

그레이스는 너무나 독립적이어서 부모님에게 도움을 요청하지 않는다.

> in-(not을 의미) + depend 동 의존하다 + -ent(형용사형 어미) ~한 = independent. 8월 15일은 광복절이죠? 영어로는 The Independence Day of Korea라고 해요.

frank [frǽŋk] 형 솔직한, 숨김없는

Dad : You have to be frank with me.

Son : Sure, I will.

아빠: 너 나에게 솔직해야 한다.

아들: 물론이죠. 그럴게요.

> {표현 tip} frankly speaking, to be frank with you: 솔직히 말하면

gay [géi] 형 명랑한, 화사한 명 남녀동성애자

Mr. Johnson is always cheerful, happy, and gay.

존슨 선생님은 항상 밝고 행복하고 명랑한 편이다.

> 현대에 와서는 형용사의 의미보다 명사의 의미로 대부분 쓰고 있는데요. 남자든 여자든, 동성 애자는 다 같이 gay라고 지칭해요. 굳이 lesbian이라는 표현은 안 해도 돼요.

generous [dʒénərəs] 형 관대한, 너그러운

Mom : Be generous to your younger brother!

Greg : I will think about it.

엄마 : 네 동생한테 좀 더 너그럽게 대해 줘라!

그렉 : 생각해볼게요.

> 반대말은 un-(not을 의미) + generous = ungenerous.

gentle [dʒéntl] 형 상냥한, 부드러운, 온화한, 다정한

Grace : Steven is a gentle guy. He usually treats me well.

Jill : I think he likes you.

그레이스 : 스티븐은 다정한 사람 같아. 늘 나에게 잘 해줘.

질 : 내 생각에 너를 좋아하는 것 같아.

> gentleman은 '상냥하고 부드러우며 다정한 사람'이에요. 사람뿐만 아니라 날씨 상태를 표현
> 할 때도 gentle이 쓰여요.

great [gréit] 형 훌륭한, 큰

Our teacher's English is so great and helpful to us.

우리 선생님의 영어 실력은 매우 훌륭하고 우리에게 도움이 많이 된다.

> 칭찬할 때 "Great!" 하고 많이 말하죠. great은 '큰' 것을 가리킬 때도 많이 쓰여요. 'great
> window' 하면 '큰 창문'쯤 되겠죠? 공식적인 표현에서 big보다는 많이 쓰인다는 거 알아두세요.

liberal [líbərəl] 형 자유스런, 진보적인, 개방적인

My teacher thinks himself to be very liberal in his views.

우리 선생님은 자기 생각이 매우 진보적이라고 생각한다.

> liberal은 '생각이 자유스럽고 열린'을 의미해요. 명사로는 liberty([líbərti] 자유)
> 인데 뉴욕 맨해튼 남쪽 자유의 섬에 가면 그 유명한 The Statue of Liberty
> (자유의 여신상)를 볼 수 있죠.

likely [láikli] 형 ~할 것 같은

Everyone is likely to go out and play on the beach.

모든 사람들이 해변으로 나가서 놀 것 같다.

> likely가 명사 앞에 나올 때는 '가능성 있는' '적당한'을 의미합니다. 문장에서 주로 be likely
> to + 동의 형태로 많이 나오는데 '아마도 ~할 것 같다, 할 가능성이 있다', 거의 확신에 찬 추
> 측을 의미하지요.

mild [máild] 형 상냥하고 온순한, 부드러운

Ann : I think this hot cocoa tastes so mild.

Steven : But I like strong one.

앤 : 이 코코아 맛이 부드러운 것 같아.

스티븐 : 그래도 난 진한 맛이 좋아.

개인의 감정이나 질병 상태가 심하지 않은 것을 'mild'하다고 해요. 한국에서는 맛이 진하지 않고 부드러운 음식을 mild하다고 해서 'mild coffee', 'mild chocolate'이라고 표현하는데 그것도 맞는 표현이에요.

modest [mádist] 휑 겸손한, 수수한

Grace : My boss looks so modest all the time.

Jason : You're right. I respect him.

그레이스 : 내 직장 상사는 항상 겸손해.

제이슨 : 그래. 난 그를 존경해.

자신의 능력이나 성취에 대해 많이 드러내지 않는 사람을 우리는 겸손하다고 하죠.

{발음tip} [모디스트]가 아니고 [마디스트]가 좋아요^^*

positive [pázətiv] 휑 긍정적인, 양성의

Ann : Don't be upset about your failure.

David : You are such a positive person.

앤 : 네가 실패한 것 때문에 상심하지 마.

데이빗 : 넌 참 긍정적인 사람이야.

positive의 반대말은 negative죠. 사람의 '긍정적인' 성품을 주로 가리키지만 뭔가에 대해 확신에 차서 말할 때, 'I'm positive ~' 하면 '~에 대해 확신해'라는 의미로 많이 쓰여요.

{발음 tip} [포지티브]라고 하지 마세요. 원어민들은 [파지티v] 또는 [파지뤼v]라고 발음합니다. 몰랐죠?

potential [pouténʃəl] 휑 잠재력 있는 휑 잠재성

She is a potential customer to my shop.

그녀는 우리 가게에 단골손님이 될 가능성이 있다.

어떤 사람이 potential을 가지고 있다고 하면 미래에 성공할 능력이나 자질을 가지고 있음을 의미해요.

practical [prǽktikəl] 형 실용적인, 현실적인

Grace : I'd like to wear my blue dress today.

Mom : Be practical. You are going hiking today.

그레이스 : 오늘은 파란색 드레스 입고 싶어요.

엄마 : 실용적인 사람이 되어라. 너는 오늘 등산을 가잖니.

> practice 명 연습 + al(형용사형 어미) ~적인, ~한 = practical

powerful [páuərfəl] 형 힘센, 영향력 있는

My father is so powerful in his company.

우리 아버지는 회사에서 영향력이 있다.

> power 명 힘, 영향력 + ful(형용사형 어미) ~한 = powerful. 힘센, 영향력 있는. 같은 힘이지만 strength[streŋkθ]는 물리적인 힘을 주로 말하고, power는 물리적인 힘뿐만 아니라 보이지 않는 영향력도 포함하고 있어요.
>
> {단어 tip} authority: 정치적인 권력, 영향력

realistic [ríːəlistik] 형 현실적인, 진짜 같은

Greg : I would like to donate 100 dollars to the Charity.

Sally : Be realistic! You need the money for a college.

그렉 : 자선단체에 100달러를 기부할까봐.

샐리 : 현실적이 좀 돼봐. 너 대학 가려면 그 돈이 필요하잖아.

> {단어 tip} a realist: 현실주의자

reasonable [ríːzənəbəl] 형 합리적인, 이성적인

Stephen : I want to stop going to school. I will make money.

Ann : You don't sound reasonable.

스티븐 : 학교를 그만 다니고 싶어. 난 돈을 벌 거야.

앤 : 이성적인 생각이 아닌 것 같다.

> 반대어는 emotional: 감성적인

responsible [rispánsəbəl] 형 책임감 있는, 신뢰할 수 있는

Grace : Do you think Sally can finish her homework?

Sarah : Of course. She is a responsible person.

그레이스 : 넌 샐리가 숙제를 끝낼 수 있을 것 같니?

새라 : 물론이지. 그녀는 책임감 있는 사람이야.

> 사람이 responsible하다는 것은 칭찬이겠죠?
>
> {발음 tip} [리스폰서블]이라고 발음하지 말고 [뤼스빤써블]이라고 해보세요.

rude [rú:d] 형 무례한, 버릇없는

Kyle : Don't take my notebook without my permission. That is rude!

Eugene : I am sorry.

카일 : 내 허락 없이 노트를 가져가지 마. 그건 무례한 거야.

유진 : 미안해.

> politc와 rude의 차이는 문화마다 다를 수 있어요. 상대방과 이야기할 때 눈을 맞추는 행위
> (eye contact)는 미국에서는 자연스럽지만, 예전에 한국에서는 윗사람과 이야기할 때 눈을 오
> 래 맞추면 무례(rude)하다고 여겼었죠.

serious [síəriəs] 형 심각한, 진지한, 엄숙한

Sarah : Don't worry about your test score.

Jason : But I am so serious about that.

새라 : 시험 성적 때문에 너무 걱정하지 마.

제이슨 : 하지만 난 굉장히 심각해.

> {단어 tip} a serious illness: 중병, a serous damage: 중대한 손해

sincere [sinsíər] 형 진지한, 성실한

Dr. Johnson is a sincere man to his promises.

존슨 박사는 자신의 약속을 성실히 지킨다.

> 영어로 편지를 쓸 때 마지막에 'sincerely yours' 또는 'yours faithfully'라고 써요. 상식으로
> 알아두면 도움이 많이 됩니당~

strict [stríkt] 형 엄격한, 가혹한

My school teachers are so strict with their students.

우리 학교 선생님들은 학생들에게 매우 엄격하다.

{발음tip} [스트릭트]라고 하지 말고 [스추륁]라고 해보세요.

{표현 tip} in the strick sense: 엄격히 말해서

active [ǽktiv] 형 활동적인, 적극적인, 활기찬

My brother doesn't stay at home because he is so active outside.

우리 형은 밖에서 너무 활동적이라 집에 잘 없다.

반대말은 앞에 in-(not을 의미)을 붙여서 inactive라고 해요.

moderate [mádərət] 형 온건한, 적당한, 알맞은

The climate of Korea is so moderate to live.

한국의 기후는 살기에 적당하다.

{표현 tip} moderate prices: 적당한 가격, moderate exercise: 적당한 운동. moderate winter: 온화한 겨울

negative [négətiv] 형 부정적인

Tracy : Stop complaining about your classmates.

Jason : Am I too negative?

트레이시 : 반 친구들에 대해 불평하지 마.

제이슨 : 내가 너무 부정적인 것 같니?

negative는 '부정적인' 뜻 외에 '음의(-)'라는 뜻이 있죠. 반대말도 알아두세요. positive [pázətiv] 형 긍정적인, 양의(+)

willing [wíliŋ] 형 기꺼이 ~하는, ~하려고 하는

Ann : You look so tired. I am willing to help you.

Steven : Thanks for your kindness.

앤: 너 너무 피곤해 보인다. 기꺼이 도와줄게.

스티븐 : 친절하게 대해줘서 고마워.

> '자신의 뜻으로' '기꺼이 ~하고자 하는'을 의미하며 보통 'be willing to + 동'의 형식으로 쓰죠.
>
> {표현 tip} willing or not : 싫든 좋든

determined [ditə́:rmind] 형 결심이 굳은, 단호한, 확정된

I am determined to go to Europe for a trip.

난 기어코 유럽에 여행 갈 작정이다.

> 명사형은 determination: 결단, 결심

5. 질병

1 질병

toothache [tú:θèik] ⑲ 치통

Sarah : I have been suffering from a toothache since last Sunday.

Bill : Go to the dentist right away.

새라 : 지난 일요일부터 이가 계속 아파.

빌 : 당장 치과 의사한테 가봐.

> tooth[tú:θ] 치아 + ache[éik] 고통 = toothache(치통)

ache [éik] ⑲ 고통 ⓢ 고통스럽다

Boy : My body aches here and there.

Old man : How old are you, son?

소년 : 몸이 여기저기 쑤셔요.

노인 : 너 몇 살이니, 애야?

> 복통은 stomachache, 허리통증은 backache, 두통은 headache이라고 해요. 다 알아두면 도움이 되겠죠?
> {발음 tip} [에익ㅋ]해주시면 되요. 간단하죠.

cancer [kǽnsər] ⑲ 암, 악성종양

John : My grandfather has a lung cancer.

Ann : That's too bad.

존 : 우리 할아버지가 폐암에 걸리셨어.

앤 : 너무 안됐다.

> 폐암은 lung cancer, 간암은 liver cancer, 위암은 stomach cancer, 유방암은 breast cancer라고 하죠. 무서워요.ㅠㅠ

disease [dízíːz] 몡 질병, 질환

Most Koreans are still worrying about mad cow disease.

많은 한국인들은 여전히 광우병에 대해 걱정하고 있다.

> mad cow disease는 광우병.
> {표현 tip} die of a disease: 병으로 사망하다, catch a disease: 병에 걸리다
> {발음 tip} [디시스]가 아니고 [디지~ㅈ]라고 해주세요.

twist [twíst] 몡 (발목을) 삐다, 비틀다, 일그러지다

Jason : My ankle was badly twisted last night.

Ann : What happened?

제이슨 : 어제 밤 발목을 심하게 삐었어.

앤 : 어쩌다가?

> 삐었다고 할 때는 주로 수동태로 쓰죠.
> {표현 tip} My face twisted in pain. 고통으로 내 표정이 일그러졌다.

poison [póizən] 몡 독, 독약 동 독살하다

I was absent from school yesterday because of food poisoning.

어제 식중독에 걸려서 학교를 결석했다.

> 음식을 먹은 후 마치 독이 든 음식을 먹은 것처럼 체하고 토하는 병을 food poisoning(식중독)이라고 해요.
> {단어 tip} poison Ivy: 덩굴 옻나무

sore [sɔ́ːr] 혱 (염증, 상처 등이) 쓰린, 쑤시는

Karen : Why does your voice sound strange today?

Kyle : Because I have had a sore throat since this morning.

캐런 : 왜 너 목소리가 오늘 이상하게 들리지?

카일 : 오늘 아침부터 목이 아파서 그래.

> '아픈 눈'을 sore eye, '아픈 목'을 sore throat, '쑤시는 몸'을 sore body라고 표현해요.

2 증상

affect [əfékt] ⑧ 영향을 미치다, 침범하다, 작용하다

The flu affects children very fast, and there is no perfect cure.

독감은 아이들에게 빨리 퍼지고 완치할 수 있는 약이 없다.

> affect는 '(질병이) ~에게 침범해 퍼지다' 라는 의미를 가지고 있어요.

die [dái] ⑧ 죽다, 사망하다, 멸망하다

Tracy : I heard about Jackson's funeral.

Steve : People say that he died of lung cancer.

트레이시 : 잭슨 씨의 장례식이 있었다며?

스티브 : 사람들이 그러시는데 폐암으로 죽었대.

> die of + (질병, 굶주림): '~ 때문에 죽었다' 고 할 때 많이 쓰여요.

cough [kɔ́(:)f] ⑧ 기침하다, 내뱉다 ⑲ 기침

Ann : You cough so badly. Did you catch a cold?

Trevor : I can't stop coughing.

앤 : 너 정말 심하게 기침한다. 감기 걸렸니?

트레버 : 기침을 멈출 수가 없어.

> 감기 증상 중에서, 재채기하는 것을 sneeze, 열이 있는 것은 have a fever라고 해요. 또 콧물이 나는 것은 have a runny nose라고 하지요. 몸살로 온몸이 쑤시면? My body aches.

roar [rɔ́:r] ⑧ 울부짖다, 으르렁거리다

Kyle : Do you hear something roaring?

Grace : Yes, my dog is roaring.

카일 : 뭔가 울부짖는 소리 들었어?

그레이스 : 응, 우리 집 개가 그러네.

> 동물이 '울부짖거나 포효하는 것'을 roar라고 해요. 또한 자동차나 기계가 '엄청난 소리를 내는 것' 도 roar라고 표현하죠.
> {발음 tip} [로오r] ~~ 끝!

sniff [sníf] 동 코를 킁킁거리다, 들이마시다, 콧방귀를 뀌다

Lin : Why are you sniffing in the kitchen?
James : I smell gas.
린 : 왜 부엌에서 킁킁거리고 냄새를 맡는 거야?
제임스 : 가스 냄새가 나.

> 반대나 경멸의 뜻을 보일 때나, 냄새를 맡게 될 때 코를 킁킁거리는 것을 sniff라고 해요.

disgust [disgʌ́st] 동 역겹게 하다 명 역겨움, 혐오감

I feel so disgusted. The smell of fish really bothers me.
토할 거 같아. 생선 냄새가 정말 신경 쓰이게 하네.

> '구역질 나는 냄새가 disgusting smell이라면, '토할 것 같다'를 feel disgusted라고 해야겠죠.
> {표현 tip} in disgust: 싫증이 나서

fever [fíːvər] 명 열, 열병

Sarah : My little baby suddenly has a high fever now.
Doctor : Let me see now.
새라 : 우리 아기가 지금 갑자기 고열이 나요.
의사 : 어디 한번 봅시다.

> 대표적 감기 증상 중 하나죠.
> {표현 tip} run a fever: 열이 나다

pain [péin] 명 고통, 고뇌, 수고

Steven : What's wrong with you?
Smith : I have a bad pain in my stomach.
스티븐 : 어디 아프세요?
스미스 : 배가 너무 아파요.

> 특정 부위가 아플 때 pain과 함께 붙여서 쓰기도 하는데요. 허리 통증은 back pain, 가슴 통증은 chest pain이라고 해요.
> {표현 tip} take pains: 수고하다, 애쓰다, a pain in my ass: 골칫거리

suffer [sʌ́fər] 동 고통받다, 견디다, 앓다 (from)

My grandmother suffers from a severe back pain.

우리 할머니는 허리 통증으로 고생하신다.

> suffer from ~: ~로부터 고통받다. 항상 전치사 from과 단짝이죠.ㅎㅎ

severe [sivíər] 형 극심한, 엄격한, 가혹한

My brother and I had a severe fight last night.

우리 형과 나는 지난밤에 심하게 싸웠다.

> 고통의 심한 정도를 표현할 때 severe를 자주 써요.
> {발음 tip} [씨뷔어r]라고 발음해요.

---

3 - 처방과 치료

bandage [bǽndidʒ] 명 붕대, 안대 동 붕대를 감다

Eye doctor : Please put this bandage on your left eye.

June : Sure, thanks.

안과 의사 : 왼쪽 눈에 이 안대를 하세요.

준 : 알겠습니다. 감사해요.

> 상처 위를 감싸는 헝겊 조각이나 붕대는 다 bandage예요. 반창고로 유명한 상품 중에 Band-Aids라고 있죠? 이제 거의 반창고의 대명사가 되었죠.
> {발음 tip} [밴대지]가 아닌 [밴디즈]라고 발음해요.^^

health [hélθ] 명 건강, 활력

My aunt has nursed my uncle back to health.

우리 외숙모가 삼촌이 건강해질 때까지 간호해주셨대.

> 건강한 상태를 health라고 부르는데요. 한국인들이 흔히 health하러 간다고 하는데 그건 콩글리시고, 건강을 유지하기 위해 weight training하러 간다는 게 맞는 표현이에요.
> {표현 tip} in good health: 건강이 좋은, in bad/poor health: 건강이 나쁜

medicine [médəsən] 명 약, 의약품, 의학, 의술

Can I get some medicine from you?

너한테 약 좀 얻을 수 있을까?

> medicine을 전문적으로 다루는 사람을 pharmacist(약사)라고 하죠. 약국은
> drug store라고 하지만, drug은 마약이란 뜻도 있어서 오해의 소지가 있어요.
> 조심조심.ㅋ
> {발음 tip} [메디신]이 아닌 [메디슨] 하고 발음해주시면 감사요.^^*

operate [ápərèit] 동 수술하다, 작동하다, 조종하다

Rick : I have an appointment with Dr. Lee now.

Nurse : Sorry. He just started operating on a patient.

릭 : 오늘 닥터 리와 약속이 있는데요.

간호사 : 죄송합니다. 방금 수술을 시작하셨어요.

> operate는 '～을 작동시키다'의 의미로 기계나 장치 등을 움직이게 하는 것을 의미해요. 하지
> 만 operate on～ 하면 '～를 수술하다'의 의미로 쓰여요.

shot [ʃát] 명 주사, 발사, 발포

Kyle : I got a flu badly.

Karen: Did you get a shot?

카일 : 심한 감기가 걸렸어.

캐런 : 주사 맞았어?

> shoot(쏘다)의 과거, 과거분사형으로 많이 쓰이는 shot은 명사형으로
> '발사, 발포'를 의미해요. 또 병원에서 맞는 주사도 shot이라고 표현한답
> 니다.

treatment [trí:tmənt] 명 치료약, 취급 방법, 대우, 대접

Mom : How is my son's asthma now?

Doctor : I think he needs some special treatment.

엄마 : 제 아들의 천식이 어떤가요?

의사 : 특별 치료가 필요할 것 같습니다.

aid [éid] ⑧ 돕다, 원조하다 ⑲ 원조, 보조기구

Jason : My god! Your finger is bleeding.
Eunice : Where is the first- aid -kit?
제이슨 : 맙소사! 네 손가락에서 피가 나와.
유니스 : 구급약상자가 어디 있지?

> a first-aid-kit은 '구급약상자' 죠. 무조건 암기!^^

care [kɛ́ər] ⑲ 근심, 걱정, 조심 ⑧ 걱정하다, 관심 갖다

Grace : Thanks for taking care of me.
Nurse : You're welcome.
그레이스 : 절 돌봐주셔서 감사해요.
간호사 : 천만에요.

> 헤어질 때 '몸조심해' '건강 조심해'라는 뜻으로 'Take care!'라고 인사해요.
> 예) take care of + ⑲ : ~를 돌보다, care about + ⑲ : ~에 대해 관심 갖다

cure [kjúər] ⑲ 치료제, 회복제 ⑧ 치료하다, 낫게 하다

I am sure that Dr. Lee can cure my father's cancer.
나는 닥터 리가 우리 아버지 암을 낫게 해줄 거라고 확신한다.

> cure는 '치료하다'라는 의미를 가지고 있지만 treat과는 달라요. treat은 '치료하다'에 의미를
> 두지만, cure는 환자를 치료해서 '완치시키다'를 의미해요.
> {표현 tip} take charge of : ~을 담당하다, 책임지다

ease [íːz] ⑲ 편함 ⑧ 완화시키다, 진정시키다, 덜다

Jason : After putting this medicine on my knee, it eased my pain a lot.
Jennifer : Really? Can I try it?
제이슨 : 이 약을 무릎에 바른 후부터 통증이 아주 많이 완화되었어.

제니퍼 : 정말? 내가 발라봐도 될까?

easy([íːzi] 형 쉬운)는 ease에서 파생되어 나왔지요.

effective [iféktiv] 형 효과 있는, 효율적인
'Tylenol' is very effective for my headaches.
' 타이레놀 '은 머리 아플 때 아주 효과적이다.

effect 명 효과 + −ive(형용사형 어미) ∼적인 = effective 효과적인. 예상했던 결과를 얻게 해 주는 것을 effective하다고 하죠.

prevent [privént] 동 방해하다, 예방하다, 보호하다 (from)
Stormy weather prevented us from starting for a mountain.
폭풍 때문에 우리는 산으로 출발하지 못했다.

prevent A from B : A가 B하는 것을 막다, 방해하다

medical [médikəl] 형 의학적인, 의료의
My mother takes her medical check-up in the hospital.
우리 엄마는 병원에서 건강 검진을 받으신다.

보통 병원의 의사나 간호사, 시체 해부 같은 것들을 소재로 쓰는 드라마를 medical drama(의학전문 드라마)라고 하죠.
{단어 tip} medical equipments: 의료기구, a medical student: 의과 대학생

relieve [rilíːv] 동 안정시키다, 경감하다, 구제하다
Many doctors have relieved patients from their pains.
많은 의사들이 환자들을 고통에서 벗어나게 해준다.

명사형은 relief([rilíːf] 안정, 안심). relieve와 비슷하게 쓰이는 말로는 relax([rilǽks] 안정시키다).

recover [rikʌvər] 동 회복하다, 소생시키다

Park Ji-sung has recovered from his knee injury very fast.
박지성 선수는 무릎 부상에서 아주 빨리 회복되었다.

> recover from: ~로부터 회복하다
> {표현 tip} He recovered his money. 그는 돈을 다시 되찾았다.

4 의사진료

examine [igzǽmin] 동 진찰하다, 검사하다, 조사하다

My doctor examined my hand, and said I had better get an X-ray.
의사는 내 손을 진찰해보고는 엑스레이를 찍어야겠다고 했다.

> 이 단어는 '주의 깊게 보다'에서 의미가 시작되었어요. 의사선생님이 진찰한다는 뜻으로도 이 단어를 사용하죠.

emergency [imə́:rdʒənsi] 명 긴급 사태, 비상사태

Emergency room in a hospital is so crowded with patients all the time.
병원 응급실은 항상 환자들로 붐빈다.

> 응급실을 an emergency room, 비상출구를 an emergency exit이라고 한답니다. 그럼 비상소집은? an emergency call이 되죠

67

Clothing, Food and Housing

의식주

I. 의복

hang [hǽŋ] ⑧ 걸다, 매달다, 매달려 있다

Sue : Could you hang my clothes in the closet?
Dave : Of course.
수 : 내 옷 좀 옷장에 걸어줄래요?
데이브 : 물론이지.

> 동사변화가 hang의 의미에 따라 달라져요. hang(교수형에 처하다)-hanged-hanged, hang(걸다, 매달다)-hung-hung. 조심해서 사용하세요!ㅋ

wash [wάʃ] ⑧ 씻다, 세탁하다

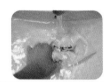

My husband usually washes dishes after dinner.
내 남편은 일상적으로 저녁을 먹고 나서 설거지를 한다.

> 설거지하다 = wash dishes, do the dishes. 세수하다 = wash one's face. 세탁하다 = wash one's clothes

iron [áiərn] ⑧ 다리미질하다 ⑲ 철, 다리미 ⑱ 쇠의

John's mom irons his shirts every morning.
존의 엄마는 존의 셔츠를 매일 아침 다려준다.

> 문장에서 동사로 쓰이느냐, 명사·형용사로 쓰이느냐에 따라 의미가 달라지는 단어죠.
> {발음 tip} 영화 'Iron Man' 보셨죠? 발음이 [아이론]이 아니고 [아이 어r언]입니다. 따라 해보세요.

polish [páliʃ] ⑧ 광을 내다, 윤을 내다, 세련되게 하다 ⑲ 광택, 윤

A person who polishes people's shoes was called 'shoe-shiner' in America.
구두 닦는 사람을 미국에선 '슈샤이너(신발을 반짝거리게 하는 사람)'라고 불렀다.

> 주로 shoes나 floor를 '광 낸다'고 할 때 쓰죠. 또한 '능력을 갈고 닦는다'는 의미로 쓰이기도
> 해요.
> {단어 tip} a shoe polish: 구두약, polish up: 끝마무리하다

remove [rimúːv] ⑧ 제거하다, 삭제하다, 벗다, 떼어내다

He removed his uncomfortable jacket as soon as he got home.
그는 집에 도착하자마자 불편한 재킷을 벗어버렸다.

> remove clothes 하면 옷을 벗는 것이고, remove a curtain은 커튼을 걷어버리는 것이니까,
> remove가 들어간 문장이 나오면 의미를 잘 추측해보세요.

stain [stéin] ⑲ 얼룩, 오점, 때 ⑧ 얼룩지게하다, 더럽히다

My pink shirt has a black stain, and I have no idea how to remove it.
내 분홍셔츠에 검은 얼룩이 있는데 어떻게 제거해야 할지 모르겠다.

> 우리에게 stainless steel이 익숙하지요. '녹슬지 않는 철제 그릇의 소재'를 가리키는 말이에
> 요. 다들 아시죠?
> {발음 tip} [스테인]이라고 하지 말고 [스때인]으로 발음해보세요. ㅎㅎ
> {표현 tip} stain one's reputation: 명성을 더럽히다

pack [pæk] ⑲ 꾸러미, 포장 ⑧ 포장하다, 짐 싸다

I packed my bag and went to the airport.
나는 가방을 싸서 공항으로 갔다.

> a pack of cigarettes(담배 한 팩), a pack of dogs and wolves(한
> 무리의 개와 늑대들) 개와 늑대의 경우에만 '무리'를 의미할 때 pack
> 을 쓴다는 사실! 그럼 배낭여행을 영어로 하면? a backpack trip이
> 됩니당.^^*

suit [súːt] 몡 정장 한 벌, 소송 몡 잘 맞다

Grace : Mom, I'd like to buy this dark suit.
Mom : It looks great. You can buy that.
그레이스 : 엄마, 이 어두운색 정장 한 벌 사고 싶어요.
엄마 : 아주 멋있어 보이는걸. 그거 사라.

suit은 '잘 맞다'의 의미로 쓰여서 suitable(suit + able: 형용사형 어미)하면 '잘 맞는'을 의미
합니다. 같은 소재의 한 벌 정장을 의미하기도 하고요. 또 lawsuit은 (법률) '소송'이라는 의미
도 있지요. 다양하게 쓰이니까 별표 5개쯤 하세요.
{발음 tip} [슈트]가 아니고 [쑤~트]라고 연습하세요.

2 의복재료

fur [fə́ːr] 몡 털, 모피

A fur coat is a popular fashion item every winter.
모피 코트는 매 겨울마다 인기 있는 패션 아이템이다.

fur는 두껍고 부드러운 동물의 털을 말하는데 주로 담비, 비버, 토끼 같은 포
유동물에게 있으며 인간들은 오랫동안 fur coat를 얻기 위해 많은 동물을 죽
여왔어요.ㅠㅠ

cloth [klɔ́(ː)θ] 몡 옷감, 천

Jill collected pieces of cloth to make a quilt for her husband's bed.
질은 남편의 침대에서 사용할 퀼트를 만들기 위해 천 조각을 모았다.

silk(비단), wool(모직), cotton(면), nylon(나일론)과 같은 천(cloth)을
통칭해서 이르는 말이죠.
{단어 tip} a table cloth: 식탁보, a floor cloth: 걸레

leather [léðər] 몡 무두질한 가죽, 가죽제품 몡 가죽을 붙이다

A model with black jeans and a cowboy jacket wears a big leather belt.
검은 청바지와 카우보이 재킷을 입은 모델은 그 위에 큰 가죽벨트를 찼다.

카우보이의 겉모습을 떠올리면 생각나는 게 카우보이 모자죠. 미국 텍사스 주 Fort Worth 시에 있는 Rodeo street(로데오 거리)에 가면 이런 복장을 한 사람들이 말을 끌고 다니는 것을 볼 수 있어요. 거기서 하는 말 쇼도 볼만답니다.

{단어 tip} a leather-bound book: 가죽 장정본 책

silk [sílk] 명 명주, 비단

Korean traditional clothes, Hanbok, are often made of silk.

한국의 전통 옷, 한복은 종종 비단으로 만들어진다.

silk(실크) 하면 silk road(비단길)를 떠올리는 사람이 많을 거에요. 비단은 중국의 주요 품목이었고 silk road를 통해 서양으로 수출되었으니까요. 또 silk는 silkworm(누에)이 silk cocoon(고치)을 만든 뒤 cocoon에서 silk thread(명주실)을 얻게 된다죠.

wool [wúl] 명 모직, 양모

My jacket needs to be dry-cleaned because it is made of wool.

내 재킷은 세탁소에서 드라이클리닝을 해야 해. 모직재질이거든.

sheep(양)이나 그 외 동물의 hair(털)를 wool이라고 하는데 워낙 옷이나 카펫, 담요 같은 것들을 만드는 데 흔히 쓰이니까 animal hair로 만든 옷감까지도 wool이라고 해요.

cotton [kátn] 명 면, 목화

Inner wear with cotton seems to be the most comfortable to wear.

면으로 만든 속옷은 입으면 가장 편한 것 같다.

옛날 미국 남부 cotton field(목화밭)에서, black slaves(흑인 노예들)이 cotton plant(목화나무)의 cotton(목화솜)을 따는 데 많이 동원되었지요.

{발음 tip} [커튼]이 아니고 [같은]이라고 발음해주세요. please~~ㅎㅎ

needle [ní:dl] 명 바늘 동 바늘로 꿰매다

Most children are scared of needles at the hospital.
아이들은 대부분 병원에 가면 주사바늘을 무서워한다.

바느질할 때 쓰는 needle, syringe(주사기) 끝에 꽂는 needle, 침 맞을 때 쓰는 needle, 우리 주변엔 다양한 종류의 needle이 있답니다.
{표현 tip} hit the needle: 명중시키다

3 의복의 종류

style [stáil] 명 유행, 품위, 문체, 양식

In a formal meeting, you have to dress in a good style.
공식적인 모임에서는 품위 있는 옷을 입어야 한다.

주로 어떤 사물의 특징이나 디자인 형태를 말하죠.
{발음 tip} [스타일]이 아니고 [스따이얼]이라고 하세요.
{표현 tip} out of style: 유행에 뒤떨어진

jacket [dʒǽkit] 명 상의, 짧은 옷, 저고리 동 씌우다, 덮다

Sarah : Where did you get the cool cowboy jacket?
Matt : My brother got this in a garage sale last Sunday.
새라 : 어디서 그런 멋진 카우보이 재킷을 구했니?
맷 : 우리 형이 지난 일요일에 차고세일하는 데서 샀어.

일반적으로 옷을 가리키나 드물게 책이나 음반 CD의 겉 표지를 가리키기도 합니다.

jeans [dʒí:n] 명 청바지

Grace : Jason, I found Lucky Jeans on sale at a shop in the Mall.
Jason : I really want to have one.
그레이스 : 제이슨, 백화점 어떤 가게에서 럭키 청바지가 세일 중이던데.
제이슨 : 진짜 한 개 있었으면 좋겠다.

jeans는 바지 trousers나 pants와 마찬가지로 항상 복수로만 사용되지요.
{유사어 tip} denim: 청바지, a pair of denim: 청바지 한 벌

jumper [dʒʌ́mpər] 명 점퍼, 잠바

People usually wear a simple jumper in the fall.
사람들은 보통 가을에 점퍼를 입는다.

몸을 따뜻하게 하는 목적으로 입는 상의. 우리나라에서는 '잠바'라는 단어로
더 잘 알려져 있지요.
{단어 tip} jumper는 도약하는 사람이나 벼룩을 의미하기도 한답니다.

T-shirt [tíːʃəːrt] 명 티셔츠

Many Korean soccer team supporters wear a red T-shirt.
많은 한국 축구팀 응원가들이 빨간 티셔츠를 입는다.

보통 T-shirts라고 -s를 붙여 복수로 쓰기 쉬운데 티셔츠 한 장은 T-shirt 단수임에 유의하세요.
{숙어 tip} keep my shirt on: 화내지 않고 침착성을 유지하다, lose my shirt: 큰돈을 잃고
파산하다

raincoat [réinkòut] 명 우비, 비옷

When you go hiking on a rainy day, you may need a
raincoat instead of an umbrella.
비오는 날 산에 올라가려면, 우산 대신 우비가 필요할지 모른다.

rain(비) + coat(코트) = raincoat(우비) 합성어에요. 옷이 겨울 코트처럼 길게 내려와서 붙여진
이름인 듯해요.

4 의복의 무늬, 액세서리

pattern [pǽtərn] 명 같은 일의 반복, 반복적인 무늬

Jill : What a beautiful dress you have!
Chris : I bought this dress because of this
　　　 flower pattern.
질 : 정말 아름다운 드레스를 가졌네!
크리스 : 내가 이 꽃무늬 때문에 이 드레스를 샀잖아.

the spending pattern(소비성향), investing pattern(투자성향), voting pattern(투표성향) 등 주로 정치, 경제 뉴스 기사에서 많이 보이는 단어죠. 마찬가지로 옷이나 다른 물건에 반복적으로 무늬가 들어가는 것도 pattern이라고 해요.

{발음 tip} 원어민들은 [패턴] 또는 [패런]이라고도 많이 발음하니까 당황하지 마세요.^^*

buckle [bʌ́kəl] 명 버클, 혁대의 죔쇠

A cowboy likes to have a belt with a large brass buckle.
카우보이는 커다란 놋쇠 버클이 달린 허리띠 차기를 좋아한다.

달걀 모양의 놋쇠 버클이 달린 허리띠를 찬 카우보이를 본 적이 있다면 쉽게 이해할 수 있죠.
{숙어 tip} buckle up: 안전벨트를 매다, 자물쇠를 채우다

glove [glʌ́v] 명 (손가락이 있는) 장갑

A bridegroom has to wear a pair of white cotton gloves in the wedding.
신랑은 결혼식에서 한 켤레의 히얀 면장갑을 껴야 한다.

baseball glove는 주로 하나니까 -s 없이 단수로 쓰이지만 보통 장갑은 두 개니까 복수(a pair of gloves)로 쓰인다는 사실!
{발음 tip} 지구, 천체라는 뜻의 globe는 [글로우ㅂ]이고, 장갑은 [글러브]에요.

sleeve [slíːv] 명 소매

He rolled up his sleeves to wash his face.
그는 세수를 하기 위해 소매를 말아 올렸다.

{단어 tip} sleeveless dress: 민소매 드레스

zipper [zípər] 명 지퍼

I got my shirt caught in my pants' zipper.
내 셔츠가 바지 지퍼에 꼈다.

zip과 같은 의미. 하지만 미국에서 zip은 지퍼와는 전혀 다르게 zip code(우편번호)에서 많이 쓰입니다. 보통 책방이나 우체국 가면 zip code(=postal code)를 많이 물어보죠. 물건 살 때 물어보는 경우가 있으니 꼭 외워두도록 하세요!

{예문} The zipper is open on your back. 등에 지퍼가 열렸어요.

knot [nát] 명 매듭, 고정 동 매듭을 짓다, 고정시키다

For mountain climber's safety, don't forget to make knots on a rope.
등반자의 안전을 위해, 줄에 매듭 짓는 것을 잊어선 안 된다.

의복뿐만 아니라 감정에 관련해서도 쓰이는데요. I feel my stomach knot with fear.는 두려움으로 배가 딱딱해진 상태를 의미해요. 두렵거나 흥분되었을 때 긴장감으로 배가 딱딱해지는 경험을 해봤다면 쉽게 이해가 갈 듯하네요.

hook [húk] 명 갈고리, 낚시 바늘 동 갈고리에 걸다

Jill : How was your fishing trip?
Josh : Good. I hooked a big cat fish.
질 : 낚시 여행은 어땠어?
죠쉬 : 좋았어. 큰 메기를 낚았다구.

hook는 '갈고리' 뿐만 아니라 '갈고리에 매거나 갈고리로 물고기 같은 것을 잡는 것'을 의미하기도 해요. 피터팬에 나오는 애꾸눈 선장 이름이 후크선장이죠? 팔 한쪽이 갈고리로 되어 있어서 그래요. 재미있죠?

 신발

sandal [sǽndl] 명 샌들, 슬리퍼

Sandals are popular shoes in summer.
샌들은 여름에 인기 있는 신발이다.

보통 신발 위쪽이 끈으로 연결되어 있는 신발을 sandal이라고 하고, 과거 이스라엘 사람들이나 로마 사람들이 많이 신고 다녔죠.

shoelace [ʃuːlèis] 몡 신발끈

Tie your shoelace before you run.
달리기 전에 신발끈을 매라.

> shoe(신발) + lace(끈) = shoelace(신발끈)에서 쉽게 추측할 수 있는 합성어죠.

---

6 의복 관련 형용사

fit [fit] 혱 몸에 잘 맞는 동 몸에 잘 맞다

David : What do you think of this skirt?
Tracy : Let me try it on. It fits me. I'll take it.
데이빗: 이 스커트는 어때?
트레이시: 한번 입어볼게. 내게 잘 맞는걸. 이걸 사겠어.

> 흔히 우리가 헬스클럽을 health club이라고 알고 있는데, 실은 fitness club이라는 표현을 더 많이 써요. 여기서 fitness는 '육체적인 건강함'을 의미하죠.

tight [táit] 혱 단단한, 꽉 끼는

His jeans are too tight. Probably he gains weight a lot.
그에게 청바지가 너무 꽉 꼈다. 아마도 살이 많이 찐 것 같다.

> 옷이 꽉 끼거나(tight clothes), 스케줄이 빡빡하거나(tight schedule), 규칙이 엄하거나(tight rules) 할 때 쓰죠. 이 세 가지가 공통적으로 뭔가 답답하게 꽉 끼어 빠져나갈 수 없는 상태를 의미한다는 느낌이 온다면 이 단어는 통과~^^

2. 음식

1 음식 관련 동사

contain [kəntéin] 동 담다, 포함하다, 뜻을 함유하다

I drink two glasses of milk every morning. Each carton contains 500ml.
나는 매일 아침 우유 두 잔을 마신다. 각각의 팩에는 500ml가 담겨 있다.

> 우리가 흔히 '임시 건물'을 container라고 하고 음식물을 담는 그릇,
> 용기를 container라고도 하는데 다 contain과 관련이 있죠?

swallow [swɑ́lou] 동 꿀꺽 삼키다, 들이키다 명 제비

He is greedy enough to swallow his food too quickly.
그는 너무 식탐이 강해서 음식을 너무 빨리 삼켜버린다.

> 제비(swallow)새끼는 어미가 음식을 날라다 주면 입을 짝 벌려 꿀꺽 삼켜(swallow)버리죠.
> 이렇게 설명하면 외우기 쉬울라나? ^^
>
> {숙어 tip} He swallowed his pride. 그는 자존심을 버렸다.

boil [bɔ́il] 동 끓이다, 삶다

Water usually boils at 100°C.
물은 일상적으로 100도에서 끓는다.

> 물에 삶는 것은 일반적으로 다 boil이라고 하고, 튀기거나 부치는 것은 fry라고 해요.
> {단어 tip} a boiled egg: 삶은 계란, a fried egg: 계란 후라이
> {발음 tip} [보일]이 아니고 [보이얼] 하면 원어민에 가까워지는 거에요.ㅋ

shake [ʃéik] 동 흔들다, 흔들리다

His hands were shaking because of Parkinson's disease.
그의 손은 파킨슨병 때문에 떨리고 있었다.

sift [síft] 〈동〉〈가루·재 등을〉 체로 치다, 거르다, 감별하다

Sift flour and the baking powder first when you bake bread.
빵을 구울 때 먼저 밀가루와 베이킹파우더를 체로 쳐라.

음식을 체에 칠 때뿐만 아니라 증거를 체로 치듯 면밀히 조사할 때도 쓰이
지요. shift는 '방향을 바꾸다'는 뜻이죠. 발음을 혼동하지 마세요!

roll [róul] 〈동〉 구르다, 굴러가다 〈명〉 출석부

I rolled a ball to knock down the bowling pins.
나는 볼링 핀들을 쓰러뜨리기 위해 공을 굴렀다.

영어 속담에 "A rolling stone gathers no moss."(구르는 돌은 이끼
가 끼지 않는디)라는 속담이 있죠. 여기저기 굴러다니는 돌처럼 살다간
돈이나 경력 같은 것들이 모이지 못하니 한곳에 진득이 붙어있으라는
뜻으로 영국에서 쓰인다고 해요.
{표현 tip} She is on a roll in her class. 그녀는 그녀 반에서 잘나
가고 있어요.

scramble [skrǽmbəl] 〈동〉 뒤범벅을 만들다, 긁어모으다, 기어오르다

Sarah : Scramble my eggs, please.
Dave : Of course. Do you need anything else?
새라 : 계란을 으깨서 익혀줄래?
데이브 : 물론이지. 또 필요한 건 없어?

계란 요리 명칭: sunny side up(한쪽만 익힌 계란), over-easy(sunny side up한 계란을 뒤
집어 한 번 익힌 계란), scrambled egg(계란에 우유를 넣고 뒤범벅해서 으깨 익힌 계란),
boiled egg(삶은 계란), hard-boiled egg(완숙), soft-boiled egg(반숙), omelette(계란 오믈
렛) 등등. 너무 많다, 휴~

pour [pɔ́ːr] (동) 따르다, 붓다, 쏟다

Ann : Pour hot water in the cup, and put a tea bag in it.
Steven : What kind of tea do you try to drink?
앤 : 컵에 뜨거운 물을 붓고 그 안에 티백 하나를 넣어봐.
스티븐 : 무슨 차를 마실 건데?

> pour는 뭔가를 부어 넣는 것을 말하는데, 비가 퍼붓듯이 온다는 표현도 'It's raining very much.'보단 'It's pouring.'이 훨씬 좋죠.

peel [píːl] (동) 껍질을 벗기다, 옷을 벗다 (명) 껍질

Mom : Peel the potatoes, please.
Amy : Potatoes again? Mom, can we have something else?
엄마: 이 감자 껍질을 벗겨줄래?
에이미: 또 감자예요? 엄마, 우리 다른 거 먹으면 안 될까요?

> feel(느끼다)과 발음이 다르니까 [p] 발음을 확실히 해야 해요.
> {발음 tip} [필]이 아니고 [피이얼]이라고 발음하세요.

melt [mélt] (동) 녹다, 사라지다, 누그러지다

My ice cream is melting because the weather is so hot today.
오늘 날씨가 너무 더워서 내 아이스크림이 녹고 있어.

> melt는 열 때문에 액체로 변해버리는 상태를 가리키죠. 감정 따위가 녹아버리면 His anger was melted. '그의 화난 감정이 사라졌다'라고 해요. 더 이상 그 감정이 존재하지 않겠죠? 동사변화는 melt-melted-melted.

chew [tʃúː] (동) 〈음식물을〉 씹다, 물어뜯다, 곰곰이 생각하다

Jill : Oh, my god! Your dogs are chewing my sofa.
Steven : I'm terribly sorry.
질 : 맙소사! 네 개들이 내 소파를 물어뜯고 있어.
스티븐 : 정말 미안해.

> a chewing gum(씹는 껌)은 우리가 흔히 보는 식품 중 하나죠.

blend [blénd] 동 뒤섞다, 혼합하다, 어울리다

Clerk : Mr. Johnson, how do you like your coffee?

Mr. Johnson : Please blend one spoon of sugar and two spoons of instant coffee.

점원 : 존슨씨, 커피 어떻게 해드릴까요?

존슨 씨: 설탕 한 스푼, 커피 두 스푼 넣어서 섞어주세요.

> 여러 재료를 섞어서 하나로 만들 때 blend를 쓰곤 하죠.
> {표현 tip} The wall paper does not blend with that old curtain. 그 벽지는 저기 오래된 커튼과 어울리지 않는다.

fry [frái] 동 기름에 튀기다

Jannet : I'd like to have one coke, a big Mac and a french fries.

Waitress : Sorry, ma'am. We've run out of french fries.

자넷 : 콜라 한 잔, 빅 맥 하나, 튀긴 감자 하나 주세요.

웨이트리스 : 죄송합니다만, 튀긴 감자가 모두 떨어졌어요.

> 우리가 흔히 듣는 프라이팬은 영어로 frying-pan 또는 frypan이라고 하죠. 기름에 튀기고 볶는 모든 요리 행위를 다 fry라고 해요.

cut [kʌ́t] 동 자르다, 베다, 줄이다, 빼먹다

April : Ouch! I cut my finger.

Mom : Did you use a knife to sharpen your pencil? I told you to be careful!

에이프릴 : 아야! 손가락을 베었어요.

엄마 : 너 연필 깎으려고 칼 사용했니? 그러게 말했잖니, 조심하라구!

> 동사변화(현재-과거-과거분사) cut-cut-cut
> {표현 tip} cut the class: 수업을 빼먹다

mix [míks] 동 섞다, 사이좋게 어울리다

This whisky is very strong. We'd better mix the whisky with water.

이 위스키는 너무 독하다. 물과 위스키를 섞는 것이 낫겠어.

stir [stə́ːr] 동 휘젓다, 뒤섞다

After adding cream and sugar in your coffee, please stir it with a spoon.

커피에 프림과 설탕을 더한 뒤에 스푼으로 저어주세요.

stir는 천천히 부드럽게 휘저어주는 것. 영화가 사회에 큰 반향을 불러일으킨다고 할 때도 쓰이지요. 예) 'D-war' caused a stir in Korea; 영화 '디워'는 한국에서 반향을 불러일으켰다.

bake [béik] 동 〈열로〉 굽다, 구워지다

Bethany : This apple pie is so delicious. How did you learn to bake?
Grace : My aunt taught me to bake apple pie last vacation.

베써니 : 이 사과파이 정말 맛있는데. 이거 굽는 거 어떻게 배웠어?
그레이스 : 우리 이모가 지난 방학에 애플파이 굽는 것을 가르쳐주셨어.

bake: 빵을 굽다, a baker: 빵 굽는 사람, a bakery: 제과점

2 그릇

pot [pát] 명 항아리, 단지, 냄비

Silas : Please put some salt in the pot of soup.
Dave : What about pepper?

사일러스 : 수프 냄비 안에 소금을 약간 넣어줘.
데이브 : 후추를 넣는 건 어때?

tea pot, coffee pot, flower pot 등 냄비를 비롯해 음식을 끓이는 우묵한 그릇, 화분 등 다양한 의미를 가지죠. potluck[pátlʌ̀k]은 미국에서 흔히 있는 파티문화로 각자 요리한 음식을 싸 와서 함께 먹는 파티를 말해요. 여러분도 친구들과 해보세요~ㅎㅎ

bottle [bátl] 명 병, 술병

Drinking a bottle of coke everyday can be harmful to our health.

매일 콜라 한 병을 마시는 것은 우리 건강에 해로울 수 있다.

bowl [bóul] 명 사발, 공기

If you order the 'salad bar' at Pizza Hut, you may get a salad bowl.

피자헛에서 샐러드 바 하나를 주문하면 샐러드 볼 하나를 받게 될 겁니다.

우리가 쓰는 일반적인 밥공기, 국그릇부터 큰 그릇에 이르기까지 우묵한 그릇들을 다 bowl이라고 불러요. 또 The Super Bowl은 미국 프로미식축구 결승전을 말하지요. Super Ball이 아니에요. Super bowl이에요!!

{발음 tip} [볼]이 아니고 [**보우을**]이라고 발음하세요.

cup [kʌ́p] 명 잔, 컵

Ann : May I have another cup of coffee, please?
Waitress : Sure.

앤 : 커피 한잔 더 주실래요?
웨이트리스 : 물론이죠.

a cup of coffee와 a glass of milk의 차이가 뭘까요? 기본적으로 cup은 손잡이가 있어서 뜨거운 음료를 담을 수 있고 재질도 도자기나 플라스틱, 철재 등 다양한 반면, glass는 손잡이가 없고 재질이 유리라서 주로 찬 음료를 담아 먹을 때 쓴다는 거죠.

mug [mʌ́g] 명 손잡이가 있는 컵, 원통형 찻잔

Grace : Can I buy one more mug, please?
Waiter : Of course. Anything else?

그레이스 : 머그컵 하나 더 주실래요?
웨이터 : 물론이죠. 다른 건 필요하신 거 없나요?

cup 중에서도 손잡이 달린 크고 우묵한 cup을 mug라고 하지요. 우리는 머그컵이라고 많이 부르지만 영어로는 그저 mug라고 해요.

{발음 tip} 원어민들은 [머그]라고 발음하지 않아요. [머~억] 정도로 들립니다.

{단어 tip} a mug shot: 용의자의 얼굴 사진

oven [ʌ́vən] 명 오븐, 솥

George : Please open the oven, and take out the chicken.
Ed : This oven door is too hot.

조지 : 오븐 좀 열어서 그 안에 닭 좀 꺼내봐.
에드 : 이 오븐 문이 너무 뜨거워.

> 미국에서는 아파트마다 built-in([bílt-ìn] 아파트에 이미 설치돼 있는 가구)으로 있고, 집집마다 하나쯤은 있는 필수 품목이죠.

pan [pǽn] 명 납작한 냄비, (오븐용) 접시

Ann : Mom, I want some fried eggs for breakfast.
Mom : Let's see. Where is the frying pan?

Ann : 엄마, 아침식사로 계란 후라이 몇 개 해주세요.
엄마 : 보자. 프라이팬이 어디 있더라?

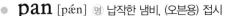

> 우리에게 pan은 납작한 냄비라기보단 프라이팬으로 잘 알려져 있죠. 오븐에 들어가는 프라이팬 모양의 철제 접시도 pan이라고 해요. fan([fæn] 선풍기, 열성팬)과 헷갈리기 쉬우니 잘 구분하세요.

tablespoon [téibəlspùːn] 명 식탁용 스푼, 큰 스푼(수프용)

For cooking Bulgogi, you need two tablespoons of soy sauce, and one tablespoon of sugar.

불고기를 요리하기 위해서는 간장 두 큰 술과 설탕 한 큰 술이 필요하다.

> 사실 스푼이라고 해서 다 똑같은 건 아니에요.
> {단어 tip} teaspoon [tíːspùːn] : 차 스푼

tray [tréi] 명 쟁반, 요리 접시

A waitress with a tray served people coffee and French bread.

쟁반을 든 웨이트리스는 사람들에게 커피와 프랑스 빵을 날라주었다.

> 음식이나 마실 것을 나르기 위해 쓰이는 나무, 철재 또는 플라스틱 쟁반.
> {발음 tip} [트레이]가 아니고 [추뤠이]라고 발음돼요.

3 맛 관련

taste [téist] 몡 맛, 취미 동 ∼한 맛이 나다

Chris : What are you eating?

Sarah : I'm eating pizza. It tastes sweet and spicy.

크리스 : 뭐 먹고 있니?

새라 : 피자 먹고 있어. 달고 맵네.

> taste는 인간의 five senses(오감) 중 하나죠. 문장에서는 taste+몡, 또는 taste like + 몡으로 쓰이지요.

sour [sáuər] 몥 신, 덜 익은, 시큼한 동 시어지다, 불쾌해지다

Stanley : This Chinese food is sweet and sour. What is it?

Ann : This is sweet-and-sour pork.

스탠리 : 이 중국 음식은 새콤달콤한걸. 이게 뭐지?

앤 : 탕수육이야.

> 식초나 레몬에서 나는 강하고 톡 쏘는 신 맛을 가리키지요.

flavor [fléivər] 몡 맛, 향

Sarah : This brand-new ice cream has coffee flavor.

Grace : Really? I don't like it.

새라 : 이 새로 나온 아이스크림은 커피 맛이 난다.

그레이스 : 정말? 난 싫어.

> 아이스크림은 보통 재료를 직접 갈아 쓰기보다, 과일 flavor가 나는 인공첨가제를 넣어서 만들죠.
> {발음 tip} [플라보]가 아니고 [흘레이버r]라고 해보세요.

bitter [bítər] 몥 쓴, 쓰라린, 고통스러운, 지독한

If a medicine is bitter, it will be good for health.

쓴 약이 몸에 좋은 법이다.

맛뿐만 아니라 경험, 느낌도 bitter라고 표현할 수 있지요. 'He had a bitter fight.' 하면 '아주 심하게 싸웠다'는 뜻이 되요.
{발음 tip} [비터]보다는 [비러r]가 더 원어민에 가깝죠~^^*

spicy [spáisi] 형 향기로운, 양념을 많이 해서 매운

Indian food is usually hot and spicy.
인도 음식은 보통 맵고 양념이 많이 들어간 편이다.

한국 음식 역시 외국인들이 hot and spicy라고 많이들 그러지요. hot은 뜨겁다뿐만 아니라 맵다는 뜻도 되고, spicy는 향신료를 많이 써서 맛이 강하다는 뜻으로 쓰여요. 약간 의미가 다르죠.

crispy [kríspi] 형 바삭바삭한, 부서지기 쉬운

Sarah : These potato chips are not crispy anymore.
Mark : How about buying new chips ?
새라 : 이 감자칩은 더 이상 바삭거리지 않아.
마크 : 새 감자칩을 사는 게 어때?

튀겨낸 음식은 crispy해야 맛있는 법! 여러분들 Krispy Kreme(크리스피 크림)도너츠 알죠? 바삭바삭한 도너츠라는 뜻이에요.

acid [ǽsid] 형 신 명 산성

We should have an umbrella on rainy days because of the acid rain.
산성비 때문에 비오는 날에는 우산을 써야 한다.

acid는 '산성(의)'라는 뜻이에요. '산성(acid) 물질'은 '신' 맛을 주로 내니까 '맛이 신'이라는 뜻을 가진다고 사전에 나와 있지만, 실제로 '맛이 신'을 의미 할 때는 sour[sáuər]를 쓰기 때문에 같이 사용하면 안 돼요.
{발음 tip} [애시드]가 아니구, [애신]입니다.

appetite [ǽpitàit] 명 식욕, 욕망

Sarah : I've lost my appetite. I won't eat dinner tonight.
새라 : 입맛을 잃었나봐. 오늘 밤에는 저녁 안 먹을래.

입맛을 돋우는 음식을 appetizer([ǽpitàizər] 주 요리 전에 먹는 음식)이라고 하죠.
{표현 tip} A good appetite is a good sauce. 시장이 반찬이다.

4 음식 관련 가게

cafe [kæféi] 명 커피전문점, 간이식당

Ann : I'd like to have a cup of coffee and a sandwich.
Grace : What about going to the cafe on the next corner?
앤 : 커피 한 잔하고 샌드위치 한 조각 먹고 싶어.
그레이스 : 다음 모퉁이에 있는 카페에 가는 건 어때?

미국이나 영국에서 cafe는 커피전문점 내지는 간단한 식사를 해결할 수 있는 식당쯤으로 생각되죠. 그런데 한국에서 cafe는 커피전문점 뿐만 아니라 술도 파는 술집도 의미하죠.
{단어 tip} cafeteria: (가격이 저렴한) 구내식당

grocery [gróusəri] 명 식품점

Chris : When are you going to a grocery store?
Tracy : Tomorrow. Do you need a ride?
크리스 : 너 언제 식품점에 갈 거니?
트레이시 : 내일. 차편이 필요하니?

미국에서 grocery는 Wal-Mart나 Costco 같은 대형 supermarket뿐만 아니라, Walgreens 같은 작은 식료품점도 있어요. 미국에선 대부분은 차가 없으면 grocery도 못 가니까 보통 유학생들은 차 있는 친구들이 갈 때 따라가서 장을 봅니다.

menu [ménju:] 명 식단, 메뉴

Waitress : Good evening, sir. Are you ready to order?
John : Can I see the menu first?
웨이트리스 : 안녕하십니까? 주문하시겠어요?
존 : 메뉴 좀 먼저 볼까요?

음식과 음료의 종류와 가격이 죽 나열된 리스트를 the menu라고 하지요.

ingredient [ingrí:diənt] 명 원료, 재료

Greg : John always reads the ingredients before he
buys a snack.

Ann : He probably cares about his health.

그렉 : 존은 과자를 사기 전에 재료 이름을 항상 읽어보더라.

앤 : 아마도 건강을 염려하나 보지.

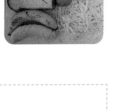

> an ingredient는 어떤 혼합물의 재료, 원료 하나하나를 의미해요.
> {발음 tip} 발음이 좀 어렵죠, [인그뤼디언트] ~

nut [nʌt] 명 견과류, 기계나사, 바보

A squirrel steals my walnuts on my desk.

다람쥐 한 마리가 책상 위에 있는 내 호두를 훔쳐 먹는다.

> 사람을 nut이라고 부르면 보통 '미친 사람' 이나 '멍청한 녀석' 을 의미한답니다.
> 예) Are you nuts?(너 또라이니?) 영화에 자주 나오는 표현이죠.^^

oil [ɔ́il] 명 기름

Sarah : Put some olive oil on a pan when you fry an egg.

Grace : Why do you use only olive oil?

새라 : 계란 부칠 때 올리브 기름을 약간 프라이팬에 넣어.

그레이스 : 왜 너는 올리브 기름만 사용하니?

> oil은 석유와 식용 기름이란 의미를 다 가지고 있지만, 미국에서 oil은 주로 식용 기름에만
> 사용되고, 자동차에 넣는 기름은 보통 fuel[fjúːəl]이나 gasoline(게솔린)이라고 불러요.
> {발음 tip} [오일]이라고 하면 원어민이 못 알아들어요. [오이어ㄹ]이라고 발음하세요!

powder [páudər] 명 가루, 분말

Dave : How can I make hot cocoa?

Ann : Put three tea spoons of cocoa powder in the hot water.

데이브 : 어떻게 핫 코코아를 만들 수 있지?

앤 : 뜨거운 물에 코코아 가루 세 숟가락을 넣어.

딱딱한 것을 아주 미세한 조각으로 부수어놓은 것이 powder에요. 여자들 얼굴에 바르는 분도 powder.
{단어 tip} a power room: 여자 화장실

paste [péist] 명 반죽한 것 동 반죽하다, 붙이다

We have to paste these posters on every wall on campus.
우리는 이 포스터를 캠퍼스 내 모든 벽에 붙여야 돼.

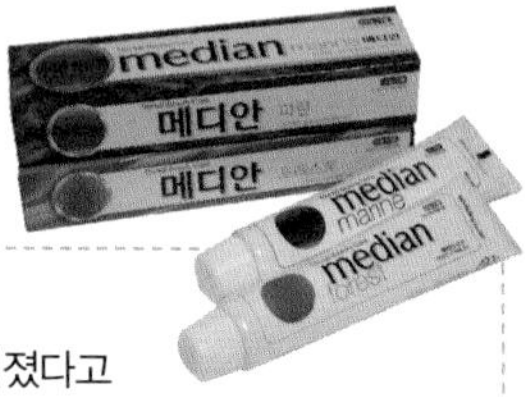

a tooth paste를 '치약'이라고 해요. 원래 tooth paste는 powder였는데 쓰기 편하게 물에 반죽되어서(paste) 튜브(tube)에 넣어졌다고 하더군요. 그래서 tooth paste(반죽)가 되었다나. ㅋ

dough [dóu] 명 밀가루 반죽

Amy : Put these toppings on the round dough and bake it.
Silas : Then, when can we eat this pizza?
에이미 : 둥근 밀가루 반죽에 이 토핑들을 얹고 구워.
사일러스 : 그러면 언제 우리가 이 피자를 먹을 수 있는 거죠?

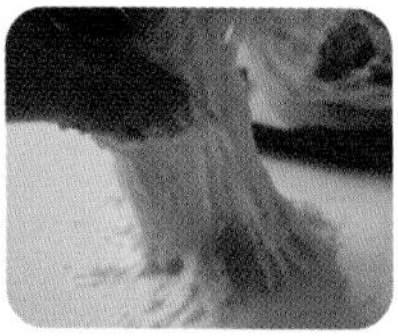

doughnut의 유래에는 여러 가지가 있는데 그중 dough(밀가루 반죽)에 nut(견과류)을 올려놓고 굽는 과자에서 유래되었다는 이야기가 있죠. 빵을 주식으로 하는 서양에서 dough는 음식에 자주 쓰이는 단어에요.

butter [bʌ́tər] 명 버터

Sarah : What would you like to eat for breakfast?
Mike : Just bread and butter will be okay.
새라 : 아침식사로 뭐 먹고 싶니?
마이크 : 빵하고 버터만 있으면 좋을 거 같아.

butter의 대체 식품으로는 식물성 기름으로 만들어진 margarine[má:rdʒərin] **마아r**줘린] 이 있죠. [마가린]이라고 발음하면 절대로 안 돼요!!!

raw [rɔ́ː] 혱 날것의, 가공되지 않은, 원료 그대로의

Most Japanese people like raw fish.
대부분의 미국인들은 날 생선을 좋아한다.

> raw food의 대표적인 예는 사시미회(raw fish). 하지만 미국에서 스테이크를 rare로 시키면
> 불이 지나간 흔적만 보이는, 거의 raw 상태로 나오지요. 참고로 미국에선 스테이크를 익힌 정
> 도에 따라 rare([rɛər] 살짝 익힌), medium([míːdiəm] 반쯤 익힌), well-done([wel dʌn]
> 완전히 익힌)으로 나누어요. 확인하러 아웃백에 가보세요. ㅋㅋ

tea [tíː] 몡 차

Waitress : Which would you like to drink, tea or coffee?
Jill : I'd like a green tea, please.
웨이트리스 : 차와 커피 중 무엇을 드릴까요?
질 : 녹차 주세요.

> 차잎(tea leaf)이나 티백(tea bag)에 뜨거운 물을 붓고 우려내서 먹는 게
> tea인데요. 서양 사람들은 주로 black tea(홍차)에 sugar(설탕)과
> milk(우유)를 넣어 마시는 것을 milk tea라고 하죠. 1인분의 차 봉지를
> tea bag이라고도 하구요.

6 채소, 곡식

seaweed [síːwìːd] 몡 해초, 해조류

Kimbap contains rice and some vegetables in the dried seaweed.
김밥에는 김 속에 쌀과 채소가 들어 있다.

> 미국에선 아직 seaweed가 일식이나 한식에서 많이 보이는 동양음식일 뿐이라서, 미역
> (brown seaweed)이나 김(seaweed)이나 다 seaweed로 통하고 있어요. 그래도 김밥은 서
> 양 사람들도 좋아하는 한국음식에 속한다네요.^^

spinach [spínitʃ] 몡 시금치

An American woman died of a certain disease
after eating spinach.
한 미국 여자가 시금치를 먹은 후 어떤 병으로 죽었다.

시금치는 동서양을 막론하고 몸에 좋다고 알려진 녹색 채소 중 하나죠. 미국인들은 데치거나 혹은 그냥 샐러드로 먹기도 해요. 그리고 오래전 인기 만화주인공 뽀빠이가 시금치를 많이 먹었었죠.

corn [kɔ́ːrn] 몡 옥수수, 곡물

Children like roasted corn with salt and lemon on it.
아이들은 소금과 레몬을 발라 구운 옥수수를 좋아한다.

주로 '곡식(grain), 수확물(crops)'을 통칭하는 용어로 많이 쓰이는데 과거 서양이나 북남미에서 옥수수(corn)를 주식으로 먹었기 때문에 옥수수라는 뜻을 가지게 된 게 아닌가 싶어요.

crop [kráp] 몡 수확물, 농작물 동 수확하다, 베다

The main crop in Korea, Vietnam and China is rice.
한국, 베트남, 중국의 주요 농작물은 쌀이다.

추수기간(harvest[háːrvist])에 대량으로 수확하는 채소(vegetable), 곡식(grain), 감자(potatoes), 과일(fruit) 등을 봉틀어 crop이라 해요.
{발음 tip} [크롭]이 아니고 [크랍]이라고 해주세용~~

grain [gréin] 몡 곡물, 낟알, 미량

If grain prices keep higher, the world economy could be damaged.
만일 곡물 값이 계속해서 올라가면, 세계 경제가 타격을 입을 수도 있다.

밀이나 쌀, 옥수수를 통칭해서 일컫는 말이에요. 세계 경제에 가장 영향을 미치는 것을 두 가지 꼽으라면 당연 기름 값(gas prices)과 곡물 값(grain prices) 상승이죠.

pickle [píkəl] 몡 절인 것, 오이절임

Tracy : Excuse me. I'd like to have a large pizza, some pickles and hot sauce.
트레이시 : 실례합니다. 라지 피자 한 판이랑 피클 몇 개, 핫 소스도 좀 주세요.

소금이나 식초에 절인 과일, 채소를 통칭하는 말. pizza 먹을 때 꼭 같이 먹는 약방의 감초! ㅎㅎ

onion [ʌ́njən] 명 양파

Nobel prize winner, Gunter Grass in Germany, wrote the book, "Peeling the Onion" in 2007.

독일의 노벨상 수상자, 귄터 그래스는 "양파껍질을 벗기면서"라는 책을 2007년에 집필했다.

> {발음 tip} [오니언]이 아니고 [어니언]이에요.

lemon [lémən] 명 레몬 형 어리석은

If beef or pork smells too much, put some lemon on it.

소고기나 돼지고기에 냄새가 너무 많이 난다면 그 위에 레몬즙을 좀 뿌려라.

> lemon은 '어리석은'의 의미도 갖고 있는데 'I'm lemon.'(나는 어리석었어) 또는 'The answer is lemon.'(그건 어리석은 대답이었어)의 의미로도 사용하죠. 또 고물이라는 뜻으로도 쓰여요.
>
> {표현 tip} My car is such a lemon. 내 차는 똥차야.

lettuce [létis] 명 (양)상추

Most Koreans like to eat lettuce with fried pork and Korean chilli sauce.

대부분의 한국인들은 구운 삼겹살과 고추장에 상추 먹는 것을 좋아한다.

> {발음 tip} [레튜스]라고 하시는 분들, 반성하세요. 원어민들은 [레러스]로 발음하죠.

flour [fláuər] 명 밀가루, 고운 가루 동 가루가 되다

Bread is made from flour.

빵은 밀가루로 만들어진다.

> flower(꽃)와 발음이 비슷하죠.

7 식사

diet [dáiət] 명 식단, 식이요법

She was on a diet to lose weight.

그녀는 체중을 줄일 목적으로 식이요법 중이었다.

> diet에는 식단이라는 뜻과 먹는 음식 그리고 체중 조절한다는 뜻이 같이 있죠.
> {표현 tip} I am on a diet. 나 지금 다이어트 중이야.

supper [sʌpər] 명 저녁식사, 야식

Grace : Shall we have some ham sandwiches?

Silas : Good! We can have them for supper.

그레이스 : 우리 햄 샌드위치 먹는 건 어때?

사일러스 : 좋아. 우리 저녁으로 먹자구.

> 보통 dinner와 같은 의미로 쓰이지만, dinner는 좀 더 갖추어서 먹는 식사를 의미하고 sup-
> per는 비교적 간단하게 먹는 저녁식사를 의미해요.

meal [mí:l] 명 식사, 한 끼의 음식물

Sarah : You have to eat at least one meal a day with your children.

Dave : Sorry. I promise I will do it.

새라 : 최소한 하루에 한 끼 정도는 애들과 함께 먹어줘야 해.

데이브 : 미안해. 그렇게 한다고 약속할게.

> 매끼 먹는 식사를 meal이라고 해요. 대학교 구내식당(cafeteria)에서는
> 매 학기 시작할 때 분기나 월별로 meal plan(식사권)을 판매하는데,
> 재학생에겐 저렴하게 제공되죠.
> {발음 tip} [밀]이 아니고 [미이어ㄹ]이라고 발음합니당.

2. 집

1 집 관련 동사

build [bíld] 동 짓다, 건축하다
If I make more money, I will build my new house.
만일 내가 돈을 더 많이 번다면 새 집을 지을 것이다.

> u가 발음이 안 되는 묵음이에요! build에서 building([bíldiŋ] 건물)이 나왔고 builder ([bíldər] 건축자)가 나왔죠. ㅎㅎ

cover [kʌ́vər] 동 덮다, 씌우다 명 덮개, 표지
Snow covers the whole world just like a big white carpet.
눈이 커다란 하얀 카펫처럼 온 세상을 덮었다.

> 침대 커버, 이불 커버, 책 커버 등 보호하거나 덮을 목적으로 다양하게 쓰여요. 많이 쓰이는 형태는 be covered with + 명: ~로 덮이다

move [múːv] 동 움직이다, 이사하다, 감동하다
Mr. Johnson moved to Canada because he did not like living in America.
존슨 씨는 미국에서 사는 것을 좋아하지 않았기 때문에 캐나다로 이주했다.

> move to + 장소 : ~로 이사(이동)하다, 이 외에도 'I'm so moved(touched).' 는 '나 감동받았어'를 의미해요. 왜냐하면 누군가에 의해 (마음이) 움직임을 당한 것이니까요.^^

mow [móu] 동 베다, 풀베기하다
Mom : Please mow the lawn in the backyard today.
Steven : Sorry, Mom. I have to do my homework today.

엄마 : 오늘 우리 뒷마당 잔디 좀 깎아줄래?

스티븐 : 엄마, 미안한데, 나 오늘 숙제를 해야 해요.

> lawn mower[lɔ:n móuər]는 잔디 깎는 기계를 말하죠. mow는 잔디(grass)깎는 행위를 가
> 리킨답니다~

rent [rént] ⑧ 빌리다, 빌려주다 ⑲ 임대료, 집세, 방세

If you don't have a car but want to travel, you had better rent a car.

만일 차가 없는데 여행을 하고 싶다면, 차를 빌리는 것이 낫다.

> lend A to B: A를 B에게 (돈을 받지 않고) 빌려주다, borrow A from B: A를 B로부터 (돈을
> 지불하지 않고) 빌려오다, rent A from B: A를 B로부터 돈을 주고 빌려오다. 차이점이 있죠?

found [fáund] ⑧ 설립하다, 창설하다

Mr. Severance founded the Severance Hospital in Shinchon.

세브란스 씨는 신촌에 세브란스병원을 설립했다.

> find([faind] 찾다, 발견하다)의 과거형 found와 혼돈하지 않기 위해선 문맥상의 의미를 보고
> 동사의 과거형에서 founded(설립했다)가 되는지 확인해야 해요.

lock [lák] ⑧ 잠그다 ⑲ 자물쇠

Whenever she goes out, she locks every door.

우리 엄마는 외출할 때는 언제든지 모든 문을 잠근다.

> 요새는 열쇠(key)뿐만 아니라 숫자버튼을 눌러서 lock을 unlock(열기)도 하죠.
> {표현 tip} I got locked out myself. 나 갇혔어.

rid [ríd] ⑧ 제거하다, 면하다

My cat is diligent enough to rid most rats in the house.

우리 집 고양이는 부지런해서 집안의 쥐를 대부분 제거한다.

> {표현 tip} get rid of+⑲: ~을 없애다. 제거하다

chimney [tʃímni] 명 굴뚝

Sarah : How does Santa Claus come in the house, mom?
Mom : He comes in through the chimney.

새라 : 산타 클로스는 어떻게 집으로 들어와요?
엄마 : 산타 클로스는 굴뚝으로 들어온단다.

> 요즘은 집에 chimney가 없지만 미국이나 캐나다 같은 곳에서는 장식용 벽난로(fireplace)와
> chimney가 있는 가정집들이 종종 있죠.

door-step [dɔ́:rstep] 명 (현관문 밖의) 단 동 문 앞을 방문하다

Dave : My cat sleeps on the doorstep all the time.
Grace : But at least she catches mice well.

데이브 : 내 고양이는 항상 우리 집 현관 앞 입구에서 자.
그레이스 : 그래도 최소한 쥐는 잘 잡잖아.

> door(문) + step(한걸음) = doorstep, 그러니까 문에서 한걸음 걸어 나오는 자리를 '현관 앞 입
> 구'(doorstep)라고 하죠.
> {단어 tip} a door-mat: 문 앞의 구두 흙 털개

meadow [médou] 명 목초, 목장

Hundreds of cows are eating grass on the meadow.

몇 백 마리의 소들이 목초지에서 풀을 뜯고 있다.

> 농장 앞에 가축들을 방목해서 기르는 넓은 저지대 풀밭 있죠? 그게
> meadow에요.

neighbor [néibər] 명 이웃사람, 옆집 동 이웃하다

Ryan : Who is that sexy girl? She is so hot.
Chris : She is Sarah, my neighbor. Her house is next to mine.

라이언 : 저 섹시한 여자 누구야? 아주 끝내주는 걸.
크리스 : 새라, 내 이웃이야. 그녀 집이 우리 옆집이야.

stairway [stɛ́ərwèi] 명 계단

Reporters are only allowed to use the stairway.
기자들은 계단만 사용하실 수 있습니다.

stair(계단 한 칸) + way(길), 즉, '통로로써 쓰이는 계단'을 말해요. 일반적으로 '계단' 그 자체는 stairs로 쓰지요. 근데 왜 -s를 붙이냐구요? 계단은 한 칸만 있는 게 아니라 여러 칸이잖아요!

structure [strʌ́ktʃər] 명 건물 구조, 구성

Public structures were all broken in Jeju Island after a storm.
폭풍이 몰아친 후 제주도에 있는 공공 건물들이 모두 부서졌다.

'건물'이라는 뜻 외에도, family structure = 가족구성, chemical structure = 화학구조, building structure = 건물구조, sentence structure = 문장 구조. 이런 식으로 많이 쓰이지요.

yard [jáːrd] 명 마당, 안뜰, 운동장, 교정, 정원

GARAGE SALE
4A RICHARDS
SAT. 8-12

We are planning a yard sale this weekend.
우리는 이번 주말에 야드세일을 열 계획이다.

1 yard=0.914m, 미국에선 길이의 단위로 쓰여요. yard sale 또는 garage sale은 집 마당이나 차고에 팔고자 하는 자기 물건들을 늘어놓고 싸게 파는 것을 뜻하는데 미국에선 용돈을 마련하거나 남을 돕기 위한 목적으로 흔히 하는 판매 행위에요.

estate [istéit] 명 사유지, 재산, 부동산

Grace : How much do you pay your rent every month?
Martin : Actually, this is my grandpa's estate. I pay nothing.
그레이스 : 넌 매달 집세로 얼마씩 내지?
마틴: 실은 말이야, 여긴 우리 할아버지 사유지야. 돈 안 내.

real estate는 '부동산'이죠. 한국 사람들은 부동산에 관심 많잖아요?
{단어 tip} personal estate: 동산

fence [féns] 명 담장, 울타리 동 울타리를 치다, 방어하다, 막다

The fence of my neighbor's house is decorated with roses.

우리 이웃집 담장은 장미로 장식되어 있다.

> 건물과 건물을 구분하는 경계선, 감옥 같은 경우는 뾰족한 철조망을 쓰지요.
> {단어 tip} fence in: 둘러싸다, 가두다, 속박하다

garage [gərá:ʒ] 명 차고, 수리 공장

Ann : What did you buy at the garage sale?

Jason : I bought some pens for myself.

앤: 차고 세일에서 뭘 샀니?

제이슨 : 내가 쓰려고 펜 몇 개 샀어.

> 한국은 작은 나라라서 그런지 garage를 보기란 쉽지 않지만, 미국 같은 경우 garage는 집집
> 마다 하나씩 다 있어요. 그래서 차고의 용도뿐만 아니라 온갖 공구를 보관하는 창고의 역할도
> 하고, 거기서 차를 수리하기도 한답니다.
> {발음 tip} 발음이 중요한데요, [개라지]가 아니고, [그롸아쥐]라고 해야 원어민들이 알아들어요.

premises [prémis] 명 기업이나 기관의 건물이나 토지, 전제 (단수)

The automobile company moved its premises to Seoul.

그 자동차 회사는 서울에 있는 건물로 이사했다.

> premise는 논리에서 '전제'로 많이 쓰이는데요. –s가 붙을 경우에만 '건물이나 토지'를 의미한
> 다네요.

property [prápərti] 명 소유지, 소유권, 재산

Do not park your car in the private property.

개인 소유지에 차를 주차하지 마세요.

> 일반적으로 개인 소유물을 의미하는데요. 예를 들어, my property는 '내가 갖고 있는 소유물
> 또는 소유지'를 의미하니까, '땅'을 주로 의미하는 estate하고는 구분되지요.
> {발음 tip} [프로퍼티]는 틀린 발음이구여 [프라퍼뤼]가 오리지널 원어민 발음이랍니당.

screw [skrú:] 명 나사, 볼트 동 조이다, 비틀다, 망치다

A teacher screwed a white board on the wall in the classroom.
선생님은 교실 벽에 칠판을 나사로 조여 고정시켰다.

> a screw의 동반자, a screwdriver([skrú:dràivər] 드라이버) ㅎㅎ

passage [pǽsidʒ] 명 통로, 통행, 통과, 한 구절

My professor gave me a passage in Shakespeare's writings.
교수님은 내게 셰익스피어 글에 있는 한 구절을 주셨다.

> pass라는 단어에서 나온 단어죠. 다양한 의미를 가진 단어니까 문장 안에서 문맥적 의미의 차이를 확인하고 숙지하세요.
>
> {표현 tip} on passage: 이동 중인, 항해 중인

interior [intíəriər] 형 내부의, 국내의 명 실내장식

This house's interior was so dirty that it needs painting.
이 집의 실내는 너무 더러워서 페인트칠이 필요하다.

> interior design(실내 디자인)은 현대사회에서 인기 업종으로 부상한 인테리어 분야 중 하나죠. 반대어는 exterior.

lamp [lǽmp] 명 등, 조명장치

Silas : What is this, Mom?
Mom : It is an oil lamp. Your grandfather ate dinner by the oil lamp.
사일러스 : 이게 뭐죠, 엄마?
엄마 : 기름등잔이야. 너희 할아버지께서 이 기름등잔 불 옆에서 저녁식사를 하셨단다.

> 왜 lamp 하면, Aladdin's lamp(알라딘과 램프)가 생각나지? ㅋㅋ

hall [hɔ́:l] 명 현관의 넓은 방, 회관, ~청

Grace : Where do we meet Steven and Ann?
Sarah : We'll meet them in the Student Hall at 1pm.
그레이스 : 우리 어디서 스티븐하고 앤을 만나지?
새라 : 1시에 학생회관에서 만날 거야.

main hall(중앙현관의 넓은 구역), student hall(학생회관), lecture hall(강의실), city hall(시청). 우리는 보통 hall 하면 dance hall을 생각하기 쉬운데, 의외로 room보다 큰 방의 개념에서 hall이 많이 쓰인다는 걸 알아야 해요.

frame [fréim] 명 창틀, 뼈대 동 틀을 짜다

I put my family picture in a large picture frame.
나는 우리 가족 사진을 커다란 사진 액자에 끼워 넣었다.

window(창문)은 glass(유리)와 frame으로 구성되어 있지요. 모든 building은 frame을 잘 세워야 튼튼해지기 마련이고, 인간도 frame(골격)이 커야 튼튼한 법이죠.
{단어 tip} a glass frame: 안경테, a window frame: 창틀

ceiling [síːliŋ] 명 천장, 〈가격, 임금〉 최고 한도

Michael is so tall that he can even touch the ceiling.
마이클은 키가 매우 커서 심지어 천장에 손이 닿을 수 있다.

여기서 'e'가 묵음이라서 발음하지 않아요.
{표현 tip} reach the ceiling: 한계점에 도달하다

step [stép] 명 걸음, 계단 동 한걸음 내딛다

Mom : Don't step on the grass. Please look at the sign.
Grace : Sorry, but I didn't see it.
엄마 : 잔디를 밟지 마라. 저 표지판을 봐.
그레이스 : 죄송해요. 못 봤어요.

걷는 것 자체는 'walk'이지만 '한 걸음 두 걸음' 세는 것은 'step'이죠. 'step by step' 아시죠?

bulb [bʌ́lb] 몡 알뿌리, 양파의 구근, 전구

Steven : Why is this room so dark?
Ann : Because I didn't change a light bulb.
스티븐 : 왜 이 방은 이렇게 어두워?
앤 : 내가 전구를 교체하지 않았거든.

'전구'뿐만 아니라 '양파 같은 구근식물의 구근'도 가리키는데요, 전구 모양이나 양파, 튤립의 구근 모양이나 비슷하지 않아요? 전구는 a light bulb랍니다.^^

{발음 tip} [벌브]가 아니에요. b 묵음이라서 소리를 내지 않고 [버얼브] 하고 발음해주세요.

bell [bél] 몡 종, 방울

It is not easy to put a bell on a cat's neck.
고양이 목에 방울을 다는 것은 쉽지 않다.

Ernest Hemingway의 소설 'For whom the bell tolls?'(누구를 위해 종은 울리나?)에서는 '종'이란 뜻으로 쓰였죠.

4 집 관련 형용사

neat [níːt] 혱 정돈된, 말끔한, 깔끔한

Sarah likes to clean her room every day, so her room is always neat.
새라는 매일 자기 방 청소하는 것을 좋아한다. 그래서 새라의 방은 항상 정돈되어 있다.

messy(더러운)의 반대말쯤으로 보면 맞지요.

open [óupən] 혱 열려 있는, 공개된, 개방한 동 열다

This concert is open to everyone, so anybody can come to this concert.
이번 콘서트는 모두에게 열려 있으니, 누구든지 이번 콘서트에 오실 수 있습니다.

{표현 tip} She is an open-minded person. 그녀는 마음이 열려 있는 사람이에요.

messy [mési] 혱 어질러진, 어수선한

Dave's room is always messy, but he does not clean it.
데이브의 방은 항상 어질러져 있지만 데이브는 청소하지 않는다.

> messy는 단순히 'unclean[ʌnklíːn]' 또는 'dirty[dáːrti]' (먼지가 쌓여
> 더러운) 정도가 아닌, 지저분하게 어질러져 있어서 치워야 할 필요가 있는
> 상태를 가리킬 때 쓰는 표현이에요. 자, 이제 "My room is messy."와
> "My room is dirty."의 차이가 구분되나요?
>
> {표현 tip} Do not mess up my room! 내 방 더럽히지 마!

---

5 집의 종류

palace [pǽlis] 몡 궁전, 대저택

Princess Snow White lived in a beautiful palace with her
father.
백설공주는 아름다운 궁전에서 아버지와 함께 살고 있었어요.

> 왕과 왕비, 또는 대통령이 사는 거대한 저택.
>
> {발음 tip} [패리스]가 아니고 [팰러스]라고 하세요!

---

cottage [kátidʒ] 몡 오두막, 시골 산장

Peter : I'd like to visit grandpa's cottage this Sunday.
Dad : Okay. Let's go this Sunday.
피터 : 이번 주 일요일에 할아버지 오두막을 방문하고 싶어요.
아빠 : 좋아. 이번 주 일요일에 가자꾸나.

> palace의 반대말이라고 봐도 되겠네요. 시골에 있는 작은 집.
>
> {발음 tip} [커티쥐] 또는 [커뤼쥐] 둘 다 좋아요.

Civil Life

도시생활과 경제

1. 도시

1 도시 문제

garbage [gá:rbidʒ] 명 쓰레기

Daughter : Where can I throw away this garbage?

Mom : Use that garbage bag.

딸 : 이 쓰레기를 어디에 버릴까요?

엄마 : 저 쓰레기 봉지를 사용하렴.

> 일상생활에서의 모든 쓰레기를 garbage라고 해요.
>
> {표현 tip} a garbage can: 쓰레기통, a garbage collector: 넝마주이

trash [trǽʃ] 명 쓰레기, 잡동사니, 폐물

Ann : Excuse me, where is a trash can?

Smith : It's under the dining table.

앤 : 실례합니다. 쓰레기통이 어디에 있죠?

스미스 : 식탁 밑에 있어요.

> 쓰지 않는 것들, 우리가 일반적으로 말하는 쓰레기가 모두 trash죠.
>
> {발음 tip} [트레쉬]보단 [추뤠쉬]가 원어민에 가까워요. ㅎㅎ

smog [smág] 명 연무, 스모그

Seoul city suffers from smog because of a heavy traffic.

서울시는 많은 차들 때문에 스모그로 고통받는다.

> smoke 명 연기 + fog 명 안개 = smog. 환경오염의 문제로 생긴
> 도시의 smog는 현대사회가 만들어낸 신조어예요.
>
> {단어 tip} white smog: 광화학 스모그

dirt [dɔ́:rt] 명 흙, 먼지, 오물

Mom : When you wash your shoes, clean the dirt, too.
Son : Mom, I will do it next time.
엄마: 신발을 씻을 때 흙도 닦아내라.
아들: 엄마, 다음에 할게요.

> dirt는 온갖 먼지, 얼룩, 흙 등을 가리키지요. 그래서 dirty는 dirt + y로 '더러운' 을 의미해요.
> {표현 tip} talk dirt: 음담패설을 하다, in the dirt: 아주 난처하게 되어

heat [hí:t] 명 열, 온도, 뜨거움, 흥분

Tracy : Do you know what the 'Heat Island' is?
Grace : It sounds like a hot island.
트레이시 : '열섬'이 뭔지 아니?
그레이스 : 더운 섬이라는 말처럼 들리는데.

> 도시에서의 'heat island'는 대기오염으로 인해 열이 도시 상공에 갇혀서 도시를 인공 섬처럼
> 고립된 더운 지역으로 만드는 기상현상을 가리켜요.

restrict [ristríkt] 동 제한하다, 금지하다

This park is a restricted area for everyone.
이 공원은 완전통제구역이에요.

> a restricted area는 제한된 공간을 의미해요. 예를 들어 살인 사건이 난 장소는 경찰(police)
> 만 허용되니까 그곳에는 'restricted area'라는 팻말이 붙지요.
> {표현 tip} restrict freedom of speech: 언론의 자유를 제한하다

waste [wéist] 명 쓰레기, 낭비 동 낭비하다

Mom : Don't play a computer game! It's a waste of time.
Son : I already finished my homework today.
엄마 : 컴퓨터 게임 좀 하지 마라! 시간낭비야.
아들 : 오늘 숙제는 이미 끝냈어요.

> 돈, 시간, 에너지에 이르기까지 필요하지 않은데 쓰는 것을 waste라고 해요. 하지만 industrial
> wastes([weist] 산업쓰레기)처럼 명사로써 쓰레기를 의미하기도 해요.

2 도시 내 구역

center [séntər] 명 중앙, 중심

Central Park is in the center of New York City.
센트럴 파크는 뉴욕 시 중심부에 있다.

> center의 형용사는 central[séntrəl]. 그래서 뉴욕 중심가에 있는 거대한 공원을 Central Park라고 해요. 뉴욕에 가면 자전거를 타고 꼭 한 번 돌아보라고 강추하고 싶군요.

roadside [róudsàid] 명 길가 형 길가의, 노변의

Grace : Where did you park your car?
Ann : I parked in the roadside.
그레이스 : 너 차 어디에 주차했어?
앤 : 길가에다 했어.

> road 명 길＋side 명 가장자리＝roadside 길가(복합명사). 뜻도 단어를 분해해보니 쉽게 이해가 되죠?

neighborhood [néibərhùd] 명 동네, 이웃, 인근, 부근

There is a big shopping mall in my neighborhood.
내가 사는 근처에 큰 쇼핑센터가 있다.

> neighbor는 이웃 사람이고 neighborhood는 동네를 뜻하죠. 서로 쓰임새가 조금 다르죠?

area [ɛ́əriə] 명 지역, 구역, 범위, 부분, 분야

Tracy : My grandfather has lived in this area for 50 years.
Jason : That's amazing!
트레이시 : 우리 할아버지는 이 지역에서 50년 동안 사셨어.
제이슨 : 놀랍다!

> 도시나 마을의 한 부분 정도로 이해하면 되겠죠.
> {단어 tip} a parking area: 주차구역

avenue [ǽvənjùː] 명 도시 큰 거리, 대로

Grace : Excuse me. Where is the Fifth Avenue?
Steven : I think you took the wrong way.

그레이스 : 실례합니다. 5번가가 어디지요?
스티븐 : 길을 잘못 찾아오신 것 같네요.

> avenue를 줄여서 Ave라고 많이 쓰죠. 그 외에도 Street(St), Boulevard(Blvd), Road(Rd)등
> 이 있어요. 어지럽죠?ㅋ
> {발음 tip} [애비뉴] 하면 합격!

block [blɑk] 명 블록 동 막다, 방해하다

Warren : Can you tell me where a City Bank is?
Sarah : Please go two blocks and turn right on the 6th Ave.

워렌 : 시티은행이 어디에 있는지 알려주실래요?
새라 : 두 블록 가셔서 6번가에서 오른쪽으로 꺾어주세요.

1block

> '토막, 덩어리'에서 유래된 block은 도시 내 거리와 거리 사이에 집 또는
> 빌딩들이 모여 있는, 보통 네모난 모양의 땅을 가리켜요.

county [káunti] 명 카운티, 군, 행정구획

There will be a soccer match between two counties on Sunday.

일요일에 두 카운티 사이의 축구경기가 있을 것이다.

> {발음 tip} 원어민들은 [카운티]보다 [카우니]라고 더 많이 발음을 하니까 듣고 당황하지 마세요.

district [dístrikt] 명 구역, (특정) 지역

Park's mall is a famous shopping district in Texas.

파크 몰은 텍사스에서 유명한 쇼핑 구역이다.

남대문 시장

> 어떤 특성화된 지역을 의미할 때 쓰는 단어인데요. 예를 들어, 서울의 남대
> 문 시장은 Namdaemun shopping district라고 해야겠죠?
> {단어 tip} Washington DC = Washington District of Columbia

local [lóukəl] 형 지역적인, 지방의

You have to check your local paper first to get a part time job.

알바를 구하고 싶으면, 먼저 지역일간지를 봐봐.

> local community(지역사회), local people(지역 주민들), local time(지역 현재시간), local bus(시내버스) 등등 '자기가 사는 어느 한정 지역'을 가리키는 말이에요.
> {발음 tip} [로컬]이 아니고 [로우끌]이라고 하세요. ㅎㅎ

section [sékʃən] 명 잘라낸 부분, 구역, 지구

I read a business section in the newspaper all the time.

난 신문의 비즈니스 면을 제일 먼저 본다.

> sect 통 잘라내다 + -ion(명사형 어미) = section. '잘라낸 부분'이라는 뜻에서 '신문 뉴스의 부분', '도시의 부분' 등의 뜻이 나왔죠.

3 건물

building [bíldiŋ] 명 건물

Ann : Look at the beautiful building.

Grace : I've never seen such a beautiful one.

앤 : 저 아름다운 빌딩 좀 봐.

그레이스 : 저런 멋있는 건물은 처음 본다.

> build[bild] 통 짓다 + -ing(동명사형 어미) = building 건물. 특히 대도시에 가면 큰 고층 건물들을 볼 수 있는데 이것을 skyscraper([skáiskèip] 고층건물)라고 하죠.

department [dipá:rtmənt] 명 부서, 과, 매장

Mom : Which department do you work in your company?

Son : I work in the PR.

엄마 : 넌 회사의 어느 부서에서 일하니?

아들 : 홍보부에 있어요.

> 백화점은 department store, 미국의 교육부는 department of education, 대학의 언어학과는 linguistic department라고 하지요.

collapse [kəlǽps] 동 붕괴하다, 쓰러지다

Twin towers in New York City collapsed on September 11, 2001.

뉴욕 시의 쌍둥이 빌딩이 2001년 9월 11일 붕괴되었다.

> 건물이나 사람이 갑자기 쓰러지거나 무너질 때 collapse라고 해요.
> {발음 tip} 좀 어려운 발음이에요. [컬립스]라고 해요. 연습 많이 하세요!

factory [fǽktəri] 명 공장, 제조소

My father owns several factories in US.

우리 아버지는 미국에 몇 개의 공장을 소유하고 있다.

> Charlie's Chocolate Factory(찰리의 초콜릿 공장)란 영화를 강추하고 싶네요.
> {단어 tip} a workshop: 소규모 공장, an auto factory: 자동차 공장

firm [fə:rm] 명 회사 형 확고한

Grace : I heard you got a job in a famous law firm. Congratulations!

Kyle : Thanks, I am so happy.

그레이스 : 네가 유명한 법률회사에 취직했다는 소식 들었어. 축하해!

카일 : 고마워, 너무 기뻐.

> firm은 큰 회사를 뜻해요. 그리고 형용사로 '확고한, 굳은'이란 의미로도 많이 쓰이죠.
> {표현 tip} firm grip: 꽉 움켜쥐는 것, firm opinion: 확고한 의견

 도시 관련

village [vílidʒ] 명 마을, 촌락

Ann : I want to live in a small village rather than a city.

Silas : If you do so, you have to drive a long way for shopping.

앤 : 나는 큰 도시보단 작은 시골 마을에서 살고 싶어.

사일러스 : 네가 만약 작은 마을에서 살면 쇼핑하러 오래 운전해야 할 걸.

> {단어 tip} a fishing village: 어촌

locate [loukéit] 통 ~에 위치하다, 위치를 알아내다
My father's office is centrally located in Jongno street.
우리 아버지 사무실은 종로거리 가운데 위치하고 있다.

> be located in: ~에 위치하다. 명사형은 location.

population [pɑ̀pjəléiʃən] 명 인구, 집단, 개체 수
The population of the world is growing every year.
세계 인구가 매년 늘어나고 있다.

> populate: 통 살다, 거주하다

resident [rézidənt] 명 주민, 거주자 형 거주하는, 살고 있는
Many churches provide free food to local residents.
많은 교회가 지역 주민들에게 무료 음식을 제공한다.

> 지역 주민 이외에 '전공의사'를 resident라고도 하죠.
> {단어 tip} a resident tutor: 입주 가정교사

harbor [háːrbər] 명 항구, 피난처, 은신처 통 정박하다, 숨겨주다
Every home is a harbor from the world.
모든 가정은 세상으로부터의 피난처다.

> {단어 tip} in harbor: 입항 중에

rural [rúərəl] 형 시골의, 전원의
Sarah : When I get older, I want to live in a rural area.
Grace : No way.
새라 : 나는 나이가 들면, 시골에서 살고 싶어.
그레이스 : 난 싫어.

> 반대말은 urban[ə́ːrbən] 형 도시의
> {표현 tip} rural life: 전원생활, a rural community: 농촌

urban [ə́:rbən] 형 도시의

My home town is located in the urban area.

내 고향은 도심지역에 위치하고 있다.

도시에는 downtown([dáuntáun]상업지구)과 uptown([ʌ́ptáun] 주택지구)으로 나눠지죠.

{발음 tip} [얼반]이라고 하지 말고 [어r~번] 하고 발음하세요.

society [səsáiəti] 명 사회, 지역사회, 사교

Many people seek the society of rich people.

많은 사람들이 부자들과의 사교를 원한다.

society의 형용사형은 social([sóuʃəl] 사교적인)이에요.

{발음 tip} [소사이티]라고 발음하면 안 돼요. [쓰싸이어뤼]라고 발음하면 멋지답니다. ㅎㅎ

countryside [kʌ́ntrisàid] 명 시골 변두리

My grandfather likes to live in the countryside rather than urban area.

우리 할아버지는 도시보다 시골 변두리에 사는 것을 원하신다.

country 명 시골＋side 명 변두리, 가장자리＝시골 변두리

{단어 tip} riverside: 강변, air-side: 공항 출국 게이트 안쪽

2. 일, 직업

1 사람의 직업

- ### actor [ǽktər] 명 배우
  Kyle : Who is your favorite actor in Hollywood?
  Sandy : My favorite actor is Brad Pitt.
  카일 : 할리우드에서 가장 좋아하는 배우가 누구야?
  샌디 : 브래드 피트를 가장 좋아해.

  > 일반적으로 남자배우와 여자배우를 구분할 때, 남자배우는 actor, 여자배우는 actress라고 하죠. 하지만 waiter는 남녀 모두 waiter라고 표현해요. 남녀차별을 두지 말자는 의미를 반영한 서랍니다.

- ### admiral [ǽdmərəl] 명 해군장성, 해군 제독
  Admiral Lee Soon-shin made turtle ships to beat the Japanese army.
  이순신 장군은 일본 군대를 물리치기 위해 거북선을 만들었다.

  > 해군의 수장에 대해서 주로 admiral이라고 해요.
  > {발음 tip} [어드미럴]이 아니구여, [앳머뤄ㄹ]이라고 발음하세요.

- ### assistant [əsístənt] 명 조수, 보조자 형 보조의
  I hired an assistant manager for my restaurant.
  나는 우리 레스토랑을 위해 부지배인을 고용했다.

  > assistant는 '조수, 조교'뿐만 아니라 업무 보조를 위한 보조자를 뜻하기도 해요.
  > {단어 tip} an assistant professor: 부교수

beggar [bégər] 몡 거지, 가난뱅이 똉 빈약하게 하다

When we travel in India, we should be careful of beggars.

우리가 인도를 여행할 때 거지들을 조심해야 한다.

인도에 가면 거지가 많은데 그들은 무언가를 달라고 '간청하는'(beg) 것이 아니라 당당하게 요청하죠. 왜냐하면 자신이 구걸하는 행위가 상 대방에게 착한 일을 할 기회를 주는 것이라고 생각하거든요. ㅋ

biologist [baiálədʒist] 몡 생물학자

Linne is a famous biologist in Sweden.

린네는 스웨덴에서 유명한 생물학자다.

생물학자는 주로 살아있는 것(living things), 생물체를 연구하는 사람이죠.

chef [ʃéf] 몡 요리사, (큰 식당, 호텔의) 주방장

My uncle works at the hotel as a chef.

우리 삼촌은 호텔에서 주방장으로 일한다.

요리사 중에서도 호텔이나 레스토랑 요리사를 chef라고 해요.
{발음 tip} [체프]가 아닙니다. [쉐~F] 하고 바람 새는 소리로 끝을 내세요.

clerk [klə́ːrk] 몡 사무원, 직원, 점원

There are many bank clerks in the bank.

은행에는 많은 은행원들이 있다.

미국에서는 주로 가게에서 판매를 돕는 점원을 sales clerk, 또는 clerk이라고 불러요. 은행에 서는 돈을 예금하거나 찾는 일을 담당하는 은행 창구 직원을 bank clerk 또는 bank teller라 고 해요.

comedian [kəmíːdiən] 몡 희극 배우, 코미디언

My dream is to be a comedian because I like to make people laugh.

나는 사람들을 웃기는 걸 좋아해서 코미디언이 되는 게 꿈이다

conductor [kəndʌ́ktər] 명 차장, (음악) 지휘자

Hannah Chang has another dream to be a conductor of a big orchestra.

장한나는 큰 오케스트라의 지휘자가 되는 또 다른 꿈이 있다.

오케스트라나 합창단의 지휘자가 conductor. 하지만 과학기술에선 semi-conductor라고 해서 '반도체' 를 의미해요.^^ 동사는 conduct 지휘하다, 수행하다.

janitor [dʒǽnətər] 명 수위, 관리인

A new janitor came to our school today.

오늘 우리 학교에 새로운 수위 아저씨가 왔다.

아파트 관리인처럼 어떤 건물을 청소하고 고치고 관리하는 일을 하는 사람을 janitor라고 한답니다.

fisherman [fíʃərmən] 명 어부, 낚시꾼

Daddy : I got twenty fish in the river yesterday.
Son : You are such a great fisherman.

아빠: 아빠가 어제 강에서 20마리를 잡았단다.
아들 : 아빤 정말 대단한 낚시꾼이에요.

단수, 복수 모두 fish에요.
{단어 tip} fishy: 의심스러운, 수상한

engineer [éndʒəníər] 명 기사, 기술자, 공학자

There are a lot of Indian engineers in the US.

미국엔 많은 인도 공학자들이 있다.

미국에 있다 보면 이상하게도 인도 출신 engineer들을 많이 만나게 되요. 아마도 취업이 잘 돼서 그런가 봐요.

housewife [háuswàif] 몡 전업 주부

My mother is a great housewife for my family.
우리 엄마는 우리 가족에게 훌륭한 주부다.

자꾸 한국 사람들이 주부를 house keeper라고 하는데요. 자기 와이프를 다른 사람 앞에서 이렇게 소개하면 큰일 납니다. house keeper는 가정부에요. 주부가 아닙니다!!

inventor [invéntər] 몡 발명가

I think Thomas Edison is the most famous inventor in the world.
난 토마스 에디슨이 세계에서 가장 유명한 발명가라고 생각한다.

invent 통 발명하다 + -or(명사형 어미) ~하는 사람 = inventor 발명가. '~하는 사람'을 의미하는 명사형 어미가 -er 대신 -or이 붙기도 해요.
예) terminator(종결시키는 사람), visitor(방문객), elevator(엘리베이터)

judge [dʒʌdʒ] 몡 재판관, 판사 통 판단하다, 재판하다

My father is a judge as a Solomon.
우리 아버지는 솔로몬처럼 현명한 판사야.

한국은 사법시험을 pass하고 우수한 성적으로 사법연수원을 마치면 judge가 될 수 있죠. 미국 Washington DC에서는 law school을 졸업하고 lawyer가 된 뒤 judge가 되는 시험을 따로 쳐서 합격해야 된다고 해요.

lawyer [lɔ́ːjər] 몡 변호사, 법률가

Son : I want to be a lawyer in the future.
Mom : Then, you have to enter a law school first.
아들 : 앞으로 변호사가 되고 싶어요.
엄마 : 그러면, 로스쿨에 먼저 들어가야겠구나.

officer [ɔ́(ː)fisər] 〈명〉 공무원, 관리, 장교, 경찰관

Sarah : A police officer stopped my car for speeding on the high way.
Sally : So, did you get a ticket?

새라 : 고속도로에서 경찰관이 속도위반으로 내 차를 잡았어.
샐리 : 그래서 딱지 끊었어?

> 정부 기관에서 근무하는 공무원을 officer라고 하는데요, police officer가 제일 흔하게 쓰이죠.

manager [mǽnidʒər] 〈명〉 지배인, 경영자, 감독

Tracy : There is a bug in my steak. I need to talk to a manager.
Grace: Good idea.

트레이시 : 내 스테이크 안에 벌레가 있네. 지배인과 얘기 좀 해야겠어요.
그레이스 : 좋은 생각이야.

> 음식점(restaurant)에 가면 그 음식점 운영을 책임지는 manager가 있는데요, 음식점이 크면 클수록 manager도 부서별로 여러 명이 되죠.
> {단어 tip} a general manager: 총지배인, a stage manager: 무대 감독

miner [máinər] 〈명〉 광부, 광산업자

My grandfather used to be a gold miner long time ago.
우리 할아버지는 예전에 금광 광부셨다.

> mine[main] 〈동〉 캐내다＋-er(명사형 어미) ~하는 사람＝miner 광부
> 명사로 지뢰를 a land mine이라고 해요.
> {표현 tip} lay a mine: 지뢰를 묻다, strike a mine: 지뢰를 밟다

model [mádl] 명 모형, 모범, 모델 형 모범적인

Ann : That fashion model looks great.

Steven : She is too skinny.

앤 : 저 패션 모델 아주 매력적이야.

스티븐 : 너무 말랐어.

> 요새는 너무 마른(skinny) fashion model은 무대에 세우지 않는다고 하는데 아직은 말뿐인
> 것 같더군요. 다들 마른 모델을 좋아하면서. ㅋ
> {발음 tip} [모델]이 아니고 [마들] [마를]이라고 발음해요.

pianist [piǽnist] 명 피아노 치는 사람

Tracy : Have you ever seen the pianist with four fingers in
        Korea?

Eugene : No, but I know who she is.

트레이시 : 한국에 살고 있는 손가락이 네 개인 피아니스트 본 적 있니?

유진 : 아니, 하지만 누군지는 알아.

> piano[piǽnou] 명 피아노 + -ist(명사형 어미) ~하는 사람 = pianist 피아노 치는 사람

pilot [páilət] 명 비행기 조종사 동 안내하다, 조종하다

I will join the Air Force for a pilot.

난 비행기 조종사가 되기 위해 공군에 입대할 거야.

> {단어 tip} a test pilot: 시험 비행 조종사

Pope [póup] 명 교황

Grace : Do you know where the Pope lives?

Ann : He lives in Rome, Italy.

그레이스 : 교황이 어디 사는지 아니?

앤 : 이탈리아 로마에 살고 있지.

> Pope는 전 세계에 단 한 명이니까 the를 붙이고 대문자로 쓰죠.
> {발음 tip} [포푸]가 아닌 [포웊]이에요.

president [prézidənt] 명 대통령, 사장, 회장

Jill : Who is the president of the United States now?
Steven : Obama is the one.

질 : 지금 미국 대통령이 누구지?
스티븐 : 오바마지.

그럼 부통령은 뭐라고 하죠? vice president죠.

captain [kǽptin] 명 선장, 우두머리, 주장

Silas : Who is the captain of this baseball team?
Steven : I am the captain.

사일러스 : 누가 이 야구팀 주장이지?
스티븐 : 내가 주장이야.

배의 선장도 captain, 스포츠 팀의 주장도 captain, 요즘엔
반장도 class leader 또는 class captain으로 불러요.
{발음 tip} [캡틴]이 아니라 [캡~튼]이라고 해주세용~

volunteer [vàləntíər] 명 자원봉사, 자원봉사자 동 자원하다

Many volunteers went to Mississippi to help fix broken houses.
많은 자원봉사자들이 부서진 집을 고치기 위해 미시시피로 갔다.

{단어 tip} volunteer army: 의용군

thief [θíːf] 명 도둑, 절도범

Sarah : A thief broke into my house last night.
Steven : That is terrible.

새라 : 지난 밤 우리 집에 도둑이 들었어.
스티븐 : 안됐다.

아라비안나이트의 유명한 이야기 '알리바바와 40인의 도적'을 영어로 하면 'Ali Baba and
the Forty Thieves' 가 되지요.

zoologist [zouálədʒist] 몡 동물학자

Zoologists are people who study animals.
동물학자들은 동물을 연구하는 사람들이다.

> zoo 몡 동물원 + -logy(명사형 어미) ~학문 + -ist(명사형 어미) ~하는 사람 = zoologist

barber [bá:rbər] 몡 이발사 동 이발하다

Sally : What's wrong with your hair?
John : A barber cut my hair too short.
샐리 : 너 머리가 왜 그래?
존 : 이발사가 내 머리를 너무 짧게 잘랐어.

> 여자 머리를 다듬어주는 사람을 hairdresser라고 하고, 남자 머리만 자르는 사람을 barber라고 해요. 여러분들은 어디로 가서 머리를 자르시나요?

chief [tʃíːf] 몡 (조직의) 장, 추장 형 최고의, 주요한

Sarah : David was speeding on the street but he didn't get a ticket.
Grace : His fathen is the chief of the police.
새라 : 데이빗이 과속운전을 했는데 딱지를 안 떼였대.
그레이스: 걔 아버지가 경찰서장이야.

> a chief of the tribe([tráib] 부족)하면 '부족의 추장'이라는 뜻이에요. the chief of the police라고 하면 경찰서장이 되는 거죠.
> {표현 tip} the chief nurse: 수간호사, the chief of a family: 가장

critic [krítik] 몡 비평가, 평론가, 감정가

A film critic praised the movie, 'Four Season' but I think it was boring.
영화 평론가는 영화 '사계절'을 극찬했지만 나는 지루했어.

> critic과 비슷하게 생긴 criticize는 동사로 '비평하다'를 의미하죠. 알고 있죠?
> {발음 tip} [크리틱] 하지 마시고 [크뤼딕]이라고 하세요.
> {단어 tip} a art critic: 미술 평론가, a food critic: 음식 평론가

expert [ékspə:rt] 명 전문가, 권위자 형 숙련된, 노련한

Grace : Esther is such a yoga expert.
Ann : She has done it for five years.

그레이스 : 에스더는 마치 요가 전문가 같아.
앤 : 5년 동안 해왔거든.

> TV 프로 중에 '진품명품'을 보면 여러 분야의 전문가들이 나와요. 그림, 도자기, 공예, 등등.
> 여러분은 어느 분야의 전문가가 되고 싶나요?

guard [gá:rd] 명 보호자, 감시인 동 지키다, 감시하다

My uncle works for an movie actor as a body guard.

우리 삼촌은 영화배우의 보디가드로 일하신다.

> 죄수에게 guard는 '간수'고 '나라의 안전을 보호하는 사람'은 security guard라고 해요. 특히
> '어린이나 병자의 보호자'를 가리킬 때는 guardian이라고 하죠. 그럼 '수호천사'를 영어로 히
> 면? guardian angel이죠.ㅋ

mayor [méiər] 명 시장, 면장

New York subway is not as dangerous as before thanks
to a mayor.

뉴욕 지하철이 시장 덕분에 예전만큼 위험하지 않다.

> 전 뉴욕시장인 Giuliani는 뉴욕 지하철에 범죄와의 전쟁을 선포하고 지금
> 은 누구나 이용할 수 있는 안전한 뉴욕 지하철로 만들어놓았어요.

professor [prəfésər] 명 교수

My mother wants me to be a professor at a college.

우리 엄마는 내가 대학 교수가 되길 바라신다.

> 교수는 박사학위를 받고 대학에 임용되어 대학생을 가르치는 일을 담당하는데요, Ph. D(박사
> 학위)에 쉽게 도전할 수 없는 것처럼 professor도 쉽게 해볼 수 있는 일은 아닌 거 같아요. 우
> 선 공부를 좋아해야겠죠?

military [mílitèri] 형 군인의 명 군대

Every healthy Korean men should do their military service.

건강한 한국 남자들은 모두 꼭 군복무를 해야 한다.

세계에서 징병제를 하는 몇 안 되는 나라 중 Korea는 대표적인 나라죠. Palestine(팔레스타인) 및 Arabian countries(아라비안 국가)와 대치 중인 Israel(이스라엘)은 여자들에게까지 military service(군복무)를 의무화하고 있어요.

{발음 tip} [밀리터뤼]라고 하면 pass~~

minister [mínistər] 명 장관, 목사, 대리인

Ann : Who is the gentleman?

Grace : He is the Minister of Foreign Affairs and Trade.

앤 : 저 신사는 누구지?

그레이스 : 외교통상부 장관이야.

미국의 장관은 secretary, 한국의 장관은 minister라고 불러요.

principal [prínsəpəl] 명 교장, 회장

My grandfather was the principal of a high school.

우리 할아버지는 고등학교의 교장 선생님이셨다.

교장 선생님을 principal, 교감 선생님을 vice-principal이라고 해요.

{발음 tip} [프린시팔]이 아니구여, [프린써플]이라고 해주세요. 발음이 아주 중요해요!

nurse [nə́:rs] 명 간호사 동 병간호하다, 젖을 먹이다

Grace : I want to help poor and sick people in Africa as a nurse.

Ann : You sound so great.

그레이스 : 나는 간호사가 되어서 아프리카에 사는 가난하고 병든 사람들을 돕고 싶어.

앤 : 정말 대단하다.

nurse는 아픈 사람이나 어린아이를 '돌보다' '간호하다'라는 의미를 가져요. 여기에서 nurs-ing[nə́ːrsiŋ] 명 간호, nursery[nə́ːrsəri] 명 탁아소라는 의미가 나온 거죠.

secretary [sékrətèri] 명 비서, 서기관, (미) 장관

My father has several secretaries in his office.
우리 아버지는 사무실에 여러 명의 비서를 두고 있다.

secretary는 문서기록을 담당하는 '서기', 정부 직책의 하나인 '서기관'을 의미하기도 하고, 영국에서는 '차관'을 의미하기도 해서 나라마다 단어의 쓰임이 조금씩 다른 듯 합니당.
{발음 tip} [시크리테리]가 아니에요. [쎄커r터뤼]라고 멋지게 해 보세요.^^*

staff [stǽf] 명 직원, 교직원, 사무국 직원

Welcome to the Plaza Hotel. Our hotel staff will help you carry your bags to your room.
플라자 호텔에 오신 것을 환영합니다. 저희 호텔 직원들이 방까지 가방을 운반해드리겠습니다.

복수형태는 staffs.
{발음 tip} TV를 보면 자꾸 사람들이 [스텝]이라고 발음하는데요, 절대 그렇게 하면 미국인들은 못 알아들어요. [스때~f]라고 하세요. 연습 필수!

2 직업 관련 동사

interview [íntərvjùː] 동 면접하다, 회견하다 명 면접

Sarah : You look so busy today. What are you doing?
Jill : I am preparing for a job interview.
새라 : 너 오늘 무지 바빠 보이는데, 뭐하고 있어?
질 : 직장 면접을 준비하고 있어.

interview는 방송국뿐만 아니라, job interview(취업면접) 관련 내용으로도 많이 사용되죠.
{발음 tip} 원어민들은 [인터뷰]보다는 [이너r뷰]로 많이 발음해요. ㅎㅎ

hire [háiər] 동 고용하다, 채용하다

Eugene : Steven is hired by IBM, one of the biggest companies in the world.
Greg : Really? He didn't even finish his college.

유진 : 스티븐이 세계에서 가장 큰 기업 중 하나인 IBM에 취직했대.
그렉 : 정말? 그는 대학도 마치지 못했잖아.

> 사람을 고용하는 것을 hire라고 하면, 그럼 '해고하다'는 뭐라고 하죠? fire라고 해요.^^

quit [kwít] 동 그만두다, 끝내다, 끊다, 중단하다

Sarah : I hate my boss. I want to quit my job.
Greg : Be patient. You will be okay soon.

새라 : 난 사장님이 정말 싫어. 직장을 그만두고 싶어.
그렉 : 참아봐. 곧 괜찮아질 거야.

> quit은 stop과 비슷한 용도로 사용하죠.
> {표현 tip} quit smoking: 담배를 끊다, quit drinking: 술을 끊다

achieve [ətʃíːv] 동 성취하다, 이루다, 완성하다

Steven achieves whatever he plans to do.

스티븐은 그가 계획한 것은 무엇이든지 성취해낸다.

> 많은 노력을 해서 어떤 일을 성취했을 때 achieve라고 하는데요. 사람이 결심이 굳을수록 자신의 목적을 achieve하게 되겠죠?
> {표현 tip} achieve success: 성공하다, achieve victory: 승리를 거두다

apply [əplái] 동 신청하다, 지원하다, 적용시키다

Sandy : I would like to apply for an anchor position in KBS.
Tracy : Sounds cool~

샌디 : 나는 KBS 뉴스앵커에 지원하고 싶어.
트레이시 : 멋지다~

> 명사 application([æplikéiʃən] 지원)도 학교 지원할 때나 회사 지원할 때 많이 쓰여요. application form은 '입사지원서'를 의미하죠. 그럼 지원자는? an applicant!

125

dismiss [dismís] 동 해고하다, 해산하다, 내쫓다

Mr. Brown dismissed his secretary because she made serious mistakes.

브라운 씨는 비서가 심각한 실수를 해서 그녀를 해고해버렸다.

> '~를 해고하다'를 의미하며 fire와 같이 쓰여요. 생각이나 의견을 dismiss하면 '깨끗하게 잊어 버리다', '염두에 두지 않으려 노력하다'로 해석되지요.

employ [emplɔ́i] 동 고용하다, 징집하다

My mother's sister is employed as a school teacher.

우리 이모는 학교에서 일하신다.

> employee[emplɔ́ii:]는 피고용자, 사원이고, employer [emplɔ́iər]는 고용주, 사장이에요. 또 다른 의미로 전쟁이 나서 군인을 employ하면 '징집하다'를 의미한답니다.

promote [prəmóut] 동 승진하다, 촉진하다, 주최하다

Chris : I got promoted as a manager!

Sandy : Congratulations. I am so proud of you.

크리스 : 나 매니저로 승진했어.

샌디 : 축하해. 네가 아주 자랑스러워.

> 명사형은 promotion([prəmóuʃən] 승진). 직장인에게 promotion(승진)은 중요한 issue(문 제)죠.

retire [ritáiər] 동 은퇴하다, 퇴직하다, 후퇴하다

After my grandfather retired, he takes care of his grandchildren now.

우리 할아버지는 은퇴하신 후, 손자, 손녀들을 돌보신다.

> 미국에서 은퇴한 노인들의 사회활동은 한국에 비해 아주 활발한 편이에요. 사회 곳곳에서 자원 봉사도 많이 한답니다. ㅎㅎ

succeed [səksíːd] 동 성공하다, 뒤를 잇다, 계승하다

Mark : I want to succeed in my business.
Jill : Then don't give up and work hard all the time!

마크 : 난 내 사업에서 성공하고 싶어.
질 : 그러면 포기하지 말고 항상 열심히 일해.

명사형은 success([səksés] 성공), 형용사형은 successful([səksésfəl] 성공적인).
{표현 tip} succeed in: ~에서 성공하다, succeed to: ~에게 물려주다

3 일 관련

form [fɔ́ːrm] 명 모양, 형식, 외형 동 형성하다, 형체를 이루다

Grace : I would like to apply for a driver's license.
Clerk : Please fill out this form first.

그레이스 : 운전면허증을 신청하고 싶은데요.
서기 : 우선 이 서류부터 완성해주세요.

application form(지원서, 등록원서)을 기억하죠? form은 '형식, 모양'의 의미로 쓰지만 '서류, 원서'라는 의미로도 많이 쓰인답니다.^^*

professional [prəféʃənəl] 형 전문적인, 직업상의 명 전문직종인

My boss is late in his office too often. He is not professional at all.

나의 직장 상사는 너무 자주 지각을 해. 그는 전혀 프로 같지 않아.

취미(hobby)로 하는 일이 아니고 전문적인 훈련과 교육을 받고 하는 '전문인'을 professional 이라고 하죠.
{표현 tip} turn professional: 프로로 전향하다

technique [tekníːk] 명 기교, 수법, 기술

Good teachers have their own teaching techniques.

좋은 선생님들은 자신만의 교수법을 가지고 있다.

특별한 훈련이나 교육을 통해 개발해내는 개인의 '전문기술, 기법'을 technique이라고 한답니다. 유의어로 know-how라는 단어도 많이 쓰지요.

career [kəríər] 명 경력, 직업, 이력

Grace began her career as an English teacher from 2000.

그레이스는 2000년부터 영어교사 일을 시작했다.

> 자신의 career를 가장 잘 나타내주는 것이 바로 resume(이력서)죠?
>
> {발음 tip} [케리어]가 아니에요. [커뤼어]라고 발음해주세요. ㅎㅎ

colleague [káli:g] 명 (직장) 동료

Mom : Why are you so late at home today?

Son : Sorry, my colleagues wanted to talk to me after work.

엄마 : 오늘 왜 이렇게 집에 늦게 왔니?

아들 : 죄송해요, 직장 동료가 일 끝나고 얘기를 하자고 해서요.

> 유의어로는 co-worker가 있어요.
>
> {발음 tip} college[칼리지]와 혼동하기 쉬운데요, [컬리그]라고 발음하세요.

efficiency [efíʃənsi] 명 효율, 능률

When we buy a refrigerator, we have to look at its energy efficiency first.

냉장고를 살 때, 우선 냉장고의 에너지 효율을 살펴봐야 한다.

> 형용사로는 efficient([ifíʃənt] 효율적인). 또는 시간이나 에너지를 낭비하지 않고 어떤 일을 성공적으로 수행해내는 것을 가리키는 말이에요.
>
> {발음 tip} [에휘션씨]라고 발음해주세용~~

labor [léibər] 명 노동, 근로, 수고 동 노동하다, 애쓰다

The cost of labor in the US is much higher than in Korea.

미국의 인건비는 한국의 인건비보다 훨씬 더 높다.

> 일 중에서도 몸으로 하는 일을 labor라고 해요. 미국에서는 part time job(아르바이트)을 하는데 시간당 보통 6,000원에서 9,000원 정도 주지만, 인도에서는 시간당 1,000원이 채 안 된다고 해요. 많은 차이가 있죠?
>
> {발음 tip} [래보] [라보]가 아니고 [레이버r]라고 해주세요~~

procedure [prəsíːdʒər] 몡 (일의) 순서, 절차, 진행

Whatever we do, we must do the right procedure for the work.

우리가 무슨 일을 하든 올바른 절차를 따라야 한다.

> 어떤 일을 하려면 그 일을 하는 정확한 방법, 즉 procedure대로 해야 제대로 하는 거겠죠?
>
> {단어 tip} legal procedure: 소송절차, civil procedure: 민사소송,
>
>   criminal procedure: 형사소송
>
> {발음 tip} [프로씨줘r]라고 하세요!

process [práses] 몡 (일의) 방법, 순서, 과정 똥 처리하다, 진행하다

Ann : Please, make curry and rice with a correct process.

Abby : Of course.

앤 : 카레라이스를 정확한 순서로 만들어줘.

애비 : 물론이지.

> procedure와는 많이 다른 뜻인데요. procedure는 일을 성공적으로 해내기 위한 '방법, 절차'를 의미하지만, process는 어떤 결과를 위한 행위들을 나열한 '순서'를 말해요.
>
> {표현 tip} in the process of: ~진행 중인

task [tæsk] 몡 (프로젝트 내의) 일, 과제

Mark : What is the next task in our project?

Sally : We need to write a report.

마크 : 우리 프로젝트의 다음 과제가 뭐지?

샐리 : 보고서를 써야 해.

> 커다란 프로젝트를 성공하기 위해 해야 할 여러 과제들을 task라고 해요.

skill [skíl] 몡 기술, 솜씨, 노련미

My friend has a good skill with a computer.

내 친구는 컴퓨터를 잘 다룬다.

> {표현 tip} lack skill at: ~에 솜씨가 서툴다

effort [éfərt] 몡 노력, 수고, 애씀

Mr. Brown put a lot of efforts for his business.

브라운 씨는 사업의 성공을 위해 많은 노력을 기울였다.

> 동사는 주로 make와 어울려서 make an effort to + 동 : '～하는 데 노력을 쏟다' 로 많이 쓰여요.
>
> {표현 tip} without any efforts: 힘들이지 않고

3. 돈

 돈

coin [kɔ́in] 명 동전, 주화

Amy : Can you change one dollar?
Clerk : Sorry, we don't have enough coins.
에이미 : 1달러 좀 바꿔주실 수 있나요?
점원 : 미안하지만 우리도 동전이 별로 없어요.

> cash(현금)은 coin(동전)과 bill(지폐)로 나눠져요. 미국의 동전은 1 cent, 5 cent, 10 cent, 25 cent, 총 4종류의 coin이 있어요.

money [mʌ́ni] 명 돈, 화폐

I always keep my pocket money in my saving box.
난 항상 용돈을 저금통에 넣어둔다.

> 용돈은 주머니에 든 돈이니까 pocket money라고 해요. 쌈짓돈이라는 말도 있죠.
> {표현 tip} Time is money. 시간은 돈이다.

safe [séif] 명 금고 형 안전한, 무사한

I have seen there is a very big safe in the bank.
난 은행에서 아주 큰 금고를 본 적이 있다.

> Have a safe trip.은 '안전하게 여행 잘 다녀와라' 는 인사에요. 하지만 명사로는 돈을 안전하게 보관하는 '금고'를 의미하기도 합니당.

treasure [tréʒər] 명 보물, 소중한 사람

I saw 'National Treasure' on a DVD player last night.
지난밤에 '내셔널 트래져' 를 DVD로 봤다.

금은보석뿐만 아니라 역사적으로 가치가 있는 것도 treas-ure라고 해요. 그럼 국보를 영어로 하면? a national treasure!

{발음 tip} [트레져] 하지 마시고, [추뤠져] !^^*

---

fee [fíː] 명 요금, 수수료, 납부금, 공공요금

Kate : How much is the entrance fee for 'Lotte World'?

Jason : It costs twenty thousand won.

케이트 : 롯데월드 입장료가 얼마니?

제이슨 : 2만 원 정도 해.

> 어떤 것을 사용하기 위해 지불하는 돈이 fee(수수료)죠.
>
> {단어 tip} 잡지 정기구독료: subscription fee

---

commission [kəmíʃən] 명 위임, 임무, 수수료, 위원회

Our bank gets a 1% commission as an exchange service charge.

저희 은행은 1%의 환전 수수료를 받습니다.

> 어떤 임무를 수행하고 잘 하면 '수수료'를 받는다고 할 때 commission을 쓰죠. 또한 개인이 아닌 단체에 어떤 일을 '위임'하면 그 단체를 '위원회' 즉 commission이라고 불러요.

---

currency [kə́ːrənsi] 명 화폐, 통화

Now, Korea earns a lot of foreign currencies from Japan tourists.

현재 한국은 일본 관광객으로부터 많은 외화를 벌어들이고 있다.

> 유통되는 화폐를 currency라고 부르는 데서 단순히 돈을 의미하는 money와는 다르죠. 무역을 통해 나라 간에 활발히 유통되는 것이 '외화'인데 이것을 foreign cur-rency라고 불러요.
>
> {발음 tip} [커뤈씨]라고 해주면 pass~~^^

expense [ikspéns] 명 비용, 지출, 경비

I will save money for my college expenses in the future.
난 장래에 대학 학비를 위해 돈을 저축할 것이다.

> 형용사는 expensive, 즉 '소비하는 돈이 많은, 값비싼'을 의미해요.
> {표현 tip} school expenses: 학비, traveling expenses: 여행 경비

cash [kǽʃ] 명 현금

Chris : My credit card is not working. Do you have some cash?
Sandy : How much do you need?
크리스 : 내 신용카드가 읽히질 않아. 현금 좀 있니?
샌디 : 얼마가 필요한대?

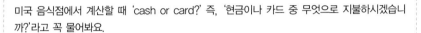

> 미국 음식점에서 계산할 때 'cash or card?' 즉, '현금이나 카드 중 무엇으로 지불하시겠습니까?'라고 꼭 물어봐요.

finance [fainǽns] 동 돈을 융자하다 명 (공적인) 재정, 금융

Many Korean companies try to finance money from banks.
많은 한국기업들이 은행으로부터 돈을 빌리려고 한다.

> 정부나 기관에서 운용하는 돈을 finance라고 하죠. 가계는 family finances.
> {발음 tip} [파이낸스] 하면 된장발음이고 [f화이낸스]라고 해야 치즈 발음이 되요. ㅋㅋ

fund [fʌnd] 명 기금, 자본 동 자금을 제공하다

My school starts to collect funds for a new building.
우리 학교는 학교 신축건물을 짓기 위해 기금을 모으기 시작했다.

> 개인이나 기관에 특수목적으로 쓰도록 주어진 돈을 fund라고 하죠. 가난한 사람들을 돕거나 공립학교나 고아원 같은 기관을 위해 모으는 돈은 다 fund라고 해요.

grant [grǽnt] 몡 보조금, 허가, 인가 툉 주다, 승인하다

Josh : I have received a special grant to attend a conference.
Sarah : Congratulations!

조쉬 : 나 학술대회 참석을 위한 특별 보조금 받았다.
새라 : 축하해!

> grant는 일종의 '상을 수여한다'고 할 때 쓰는 단어에요. 어떤 특정 활동을 하도록 허가한다는 의미에서는 '주다, ~하도록 허가해주다'를 의미하기도 해요.

income [ínkʌm] 몡 수입, 소득

Ted : My mom decided to work again because my dad's income got lower.
Amy : I am sorry to hear that.

테드 : 우리 아버지 수입이 더 낮아져서 엄마가 다시 일하기로 결심하셨어.
에이미 : 그것 참 유감이다.

> {표현 tip} He lives beyond his income. 그는 자기 수입에 맞지 않는 생활을 한다.

loan [lóun] 몡 대출금 툉 돈을 빌리다

Eunice : I have to pay back my college loan by next year.
Trevor : That's too bad.

유니스 : 내년까지 대학 등록금 대출받은 것을 갚아야 해.
트레버 : 안됐다.

> 빌려간 돈을 loan이라고 하며, 동사로는 loan A to B 'A를 B에게 빌려주다'를 의미해요. TV에 대출 광고 많이 나오죠?^^

profit [práfit] 몡 이윤, 이득 툉 이득을 얻다

My uncle made a lot of profits from selling his stocks.

우리 삼촌은 주식을 팔아서 많은 이익을 얻었다.

> 돈을 투자하고 원금보다 많이 돌려받을 때 profit(이윤)이 생겼다고 하잖아요? 반대말로는 loss(손실금)가 되겠죠.
> {발음 tip} [프라핏] 하고 발음해주면 good~~

rate [réit] 몡 요금, 속도, 비율 통 평가를 매기다

Steven : The postal rates are increased.
Ann : I have to send some books to my sister.
스티븐 : 우편요금이 올랐더라.
앤 : 여동생한테 책을 보내줘야 하는데.

수도요금은 water rates, 전기요금은 power rates에요. 그럼
가스요금은? gas rates

revenue [révənjùː] 몡 세입, 수입, 총수익

Because of new products, our company doubled revenue.
신제품 때문에 우리 회사는 수입이 두 배가 되었다.

회사가 벌어들이는 수입이나 정부 기관이 받는 세금으로 인한 수입을 통틀어 revenue라고 해요.
{단어 tip} the revenues: 국세청, 세무서

salary [sǽləri] 몡 급료, 봉급

My father always complains about his salary to my mom.
우리 아버지는 항상 월급이 적다고 엄마에게 불평한다.

매달 자신이 일한 대가로 받는 돈을 salary라고 해요. 그래서 월급쟁이를 a salaried man이
라고 하죠.ㅎㅎ
{표현 tip} a monthly salary: 월급, a yearly salary: 연봉

stock [sták] 몡 주식, 재고품, 저장 통 비축하다

The Korean stock market is very unstable recently.
최근에 한국 주식시장이 불안정해졌다.

기업에서 자사의 지분을 주식으로 나눠 팔아서 주식 소유주도 기업과 함께 이익을 얻도록 하
는데 그것을 stock이라고 해요.
{발음 tip} [스톡]이라고 많이 하던데요, [스딱]이라고 하세요~
{단어 tip} a stock option: 주식매입 선택권

tax [tǽks] 명 세금, 조세 동 세금을 부과하다

Every Korean citizen has to pay taxes to the government.

모든 한국 시민들은 정부에 세금을 내야 한다.

> 미국처럼 선진국일수록 국내 복지정책을 위해 tax를 개인이나 기업으로부터 많이 걷어요.
> {단어 tip} 토지세: a land tax, 세금 면제: free of tax

valuable [vǽlju:əbəl] 명 귀중품 형 가치 있는, 값비싼, 소중한

We must not bring our valuables into the swimming pool.

우리는 수영장에 귀중품을 가지고 오지 말아야 한다.

> value 명 가치+-able(형용사형 어미) ~있는=valuable. 하지만 명사로  는 '귀중품'을 의미해요.
> {단어 tip} MVP: Most Valuable Person(가장 소중한 사람, 최우수 선수)

budget [bʌ́dʒit] 명 예산, 경비

Mark : I can't buy a new Nintendo because I don't have an enough budget.

Amy : Then, when can you buy it?

마크 : 예산이 충분치 않아서 닌텐도를 살 수가 없어.

에이미 : 그러면, 언제 살 수 있는데?

> 개인이나 정부, 기업이 사용할 수 있는 돈을 budget이라고 해요.
> {발음 tip} [버짓]이라고 발음하면 Good~~

wage [wéidʒ] 명 임금, 품삯

My father's wages are two million won a month.

우리 아버지는 한 달에 200만 원의 임금을 받는다.

> 단수(wage) 또는 복수(wages)로 임금, 노임을 뜻해요.

expenditure [ikspéndit∫ər] 명 소비, 지출

Our expenditure must not exceed our income.

우리의 지출이 수입을 초과해선 안 된다.

> expend(소비하다)의 명사형인데요. 다만 이 단어는 구어적인 표현보다는 문어체에 많이 쓰여요.

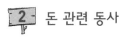

돈 관련 동사

own [oùn] 동 소유하다 형 자기 자신의, 자기 소유의

Mr. Smith is a rich man who owns two houses and a lot of lands.

스미스 씨는 집 두 채와 많은 땅을 가지고 있는 부자다.

> 소유를 강조할 때 one's own + 명 이라고 하지요. 동사로는 '소유하다'의 의미를 가지고 있고.
> 그래서 '소유주'를 an owner라고 한답니다.

lend [lénd] 동 빌려주다, 빌리다, 대여하다

My big brother never lends me his stuffs.

우리 형은 나에게 자기 물건을 절대 빌려주지 않는다.

> lend(빌려주다)의 반대말은 borrow(빌리다). 이 둘의 쓰임의 차이를 꼭 구분해두세요! ㅎㅎ

save [séiv] 동 구제하다, 저축[절약]하다

Steven : Let's go out for a dinner.

Ann : I can't do it because I have to save my money.

스티븐 : 우리 저녁 나가서 먹자.

앤 : 돈을 절약해야 돼서 안 돼.

> save는 돈을 '절약하고 저축하는' 것을 의미해요. 또한 불쌍한 사람들이나 힘든 세상을 '구하
> 다' 라는 뜻도 있죠.

spend [spénd] 동 소비하다, 낭비하다, (시간을) 보내다

Mom : Don't spend your money on online shopping anymore.

Daughter : Yes, mom.

엄마 : 더 이상 인터넷 쇼핑하는 데 돈을 쓰지 마라.
딸 : 알았어요. 엄마.

> spend + 시간/돈 + on + 명 = ~하는 데 (시간/돈)을 소비하다. 뒤에 on이 나오는 것에 유의해야 해요.

contribute [kəntríbjut] 동 기부하다, 공헌하다 (to)
We should contribute to our society in any way.
우리는 어떤 방식으로든 우리 사회에 기여해야 한다.

> contribute to + 명 : '~에 기여하다' 가 많이 쓰이니까 잘 알아두세요.

earn [ə́:rn] 동 (돈을) 벌다, 얻다, 획득하다
Grace : Mark's parents died in a traffic accident last year.
Chris : After they died, Mark had to earn money for his little brother.
그레이스 : 마크 부모님은 작년에 교통사고로 돌아가셨어.
크리스 : 그분들이 돌아가시고 나서 마크는 남동생을 위해 돈을 벌어야 했대.

> make money는 방법에 상관없이 돈을 번다는 뜻이 있고, earn money는 생계를 위해 일을 해서 돈을 번다는 의미가 있어요. 조금 다르죠?

offer [ɔ́(:)fər] 동 제공하다, 제의하다 명 제의, 제공
Mark : My aunt offered a lot of food to the poor in her church.
Sally : She is so nice.
마크 : 우리 숙모는 교회에 있는 가난한 사람들에게 음식을 많이 제공하셨어.
샐리 : 정말 좋은 분이시다.

> an offering은 '교회 헌금'을 말해요.
> {표현 tip} I am open to his offer. 난 그의 제안을 받아들일 용의가 있다.

bond [bánd] 동 담보를 넣다, 묶어두다 명 채권, 담보
The government has recently issued a lot of bonds.
최근 정부는 많은 채권을 발행했다.

3 재정 상태

worth [wə́:rθ] 몡 가치, 재산 휑 ~할 가치가 있는

The wedding ring is worth keeping in your whole life.

결혼 반지는 평생 간직할 가치가 있다.

> be worth + 통 ~ing = be worthy to + 통 ~할 가치가 있다. worth와 worthy가 뒤에 다른 전치사를 동반해요.

loss [lɔ́(:)s] 몡 손실, 감소, 실패

My father's business made a lot of loss.

우리 아버지는 사업에서 많은 손실을 입으셨다.

> lose([luːz] 통 잃다)의 명사형. 두 단어의 spelling과 발음에 차이가 있지요!

extra [ékstrə] 휑 여분의 몡 추가 금액(~s)

I get paid extra for overtime at the office.

나는 회사에서 추가로 잔업수당을 받는다.

> 흔히 영화나 드라마에서 주연이나 조연 배우 외에 잠깐 나오는 등장인물을 extra라고 하잖아요? 돈의 경우엔, 지불해야 하는 금액 외에 '여분의 돈'을 extras라고 해요.
> {발음 tip} [엑스트라]보다는 [엑스츄라]라고 하면 원어민 발음에 더 가깝죠. ㅎㅎ

poor [púər] 휑 가난한, 가엾은, 서투른, 부족한

Our church collects money to help poor people.

우리 교회는 가난한 사람들을 돕기 위해 돈을 모은다.

> 반대말은 rich([ritʃ] 부유한). poor는 돈이 없고 가난하다는 뜻이 있지만, 서투르거나 부족하다는 의미로도 많이 써요.

4. 경제, 국제기구

  회사

advertisement [ædvərtáizmənt] 몡 광고

According to a newspaper advertisement, companies are
looking for new workers.
신문 광고에 의하면, 회사들이 새 직원을 구하고 있다.

> 줄임말은 AD인데요. TV 광고는 ad라고 하지 않고 commercial([kəmə́:rʃəl])이라고 하죠.
> {발음 tip} [애드버타이즈먼트] [애드버타이징]이라고 하면 원어민들이 못 알아들어요. [애ㄷ버r
> 타이즈먼ㅌ] [애ㄷ버r타이징] 하면 좋아할 거예요. ㅋ

brand [brǽnd] 몡 상표, 품질, 등급

Steve : What a nice bag! It looks brand -new.
Sally : Yes, it is new.
스티브 : 가방 멋지다! 신제품 같은데.
샐리 : 맞아, 새 거야.

> 한국 사람들은 명품을 제일 좋아하죠? 영어로 표현하면 a brand product가 됩니당.

company [kʌ́mpəni] 몡 회사, 친구, 일행

My company makes me work too much.
우리 회사는 일을 너무 많이 시킨다.

> 가장 흔하게 쓰이는 의미는 '회사'죠. 또한 여행할 때 '동행하는 친구'나 '일'을 company라고
> 도 해요.
> {표현 tip} Do you have a company with you? 같이 온 사람 있으신가요?

fair [féər] 명 박람회 형 공정한, 정당한

Terry : What did you do last night?
Eunice : I went to a book fair in the COEX.

테리 : 어제 밤 뭐 했니?
유니스 : 코엑스에 있는 도서전에 갔었어.

'공정한, 공평한'이란 뜻으로 많이 쓰이지만, 또한 명사로 '박람회' 라는 뜻도 있지요.^^

expand [ikspǽnd] 동 확장되다, 커지다, 늘리다

Greg: How is your dad's business going?
Karen : His business has expanded recently.

그렉 : 너의 아버지 사업은 어떠니?
캐런 : 최근 사업이 확장됐어.

명사형은 expansion. 주로 사업이나 특정 기관, 서비스의 규모가 '커질' 때 expand를 써요.

administrative [ædmínəstrèitiv] 형 관리의, 경영의, 행정상의

To save administrative costs, the company fired a lot of managers.
경영 비용을 줄이기 위해, 회사에서 매니저들을 많이 해고했다.

administrate 동 관리/경영하다 + -ive(형용사형 어미) = administrative 경영의
{발음 tip} 어려운 발음인데요. [언미니스츄뤠이티v]에요. 10번 반복하세요!

business [bíznis] 명 사업, 업무, 장사

One of my friends takes over his father's business.
내 친구 하나는 자기 아버지 사업을 물려받았다.

'명함' 은 사업상의 이유로 주고받는다고 해서 a business card라고 부른답니다.

union [júːnjən] 명 연합, 합병, 조합

My uncle has joined the labor union.
우리 삼촌이 노동조합에 가입했다.

동사 unite([juːnáit] 합치다)에서 나온 명사에요.

commerce [káməːrs] 명 상업, 통상, 교역
Importance of international commerce is increasing.
국제무역의 중요성이 증가하고 있다.

> '팔고 사는 행위'를 유식하게 표현하면 commerce라고 한답니다.^^
> {단어 tip} TV 광고: TV commercials

corporate [kɔ́ːrpərit] 형 법인의, 주식회사의
Ted : A corporate lawyer revealed Samsung financial scandal.
Sarah : Really?
테드 : 어떤 법인 변호사가 삼성 재정 스캔들을 고발했어.
새라 : 진짜야?

> '회사조직 또는 법인과 관련된' 것들을 가리킬 때 corporate를 쓰지요. 여기서 명사형 cor-poration이 나왔는데 '주식회사, 법인'을 의미해요.

executive [igzékjətiv] 명 임원, 관리자 형 행정상의
Johnson : Two executives in our company were fired.
Smith : Because they sold our company's secrets.
존슨 : 우리 회사 임원 두 명이 해고되었대.
스미스 : 우리 회사 기밀을 다른 회사들에 팔았기 때문이래.

> 중요한 사항을 '결정하고 실행하는 사람'이나 '실행하는'이라고 할 때 많이 쓰여요.
> {발음 tip} [이그제큐티브] 하면 '으이그' 하고 욕 먹구여, [익제큐티v] 또는 [익제큐리v] 하고 탄력있게 해주세요~~

industry [índəstri] 명 산업계, 업계, 근면
Hyundai is a very famous company in the world's automobile industry.
현대는 세계 자동차 산업에서 매우 유명한 회사다.

원료, 재료를 가지고 물건을 만들어내는 '생산업이나 제조업'을 통틀어 industry라고 하죠.

{단어 tip} Industrial Revolution: 산업혁명

---

invest [invést] 통 [자본, 돈]을 투자하다, 출자하다

Sarah : How much did your mom invest in the stock?

Steven : About 7,000 dollars.

새라 : 너의 어머니는 주식에 얼마나 투자하셨니?

스티븐 : 약 7천 달러.

돈을 불리거나 이윤을 얻을 목적으로 돈을 투자하는 것을 invest라고 하는데요. 돈뿐만 아니라 시간이나 에너지에 투자한다고 할 때도 쓰여요.

---

manufacture [mænjəfǽktʃər] 명 제조, 제작 통 제조하다, 제작하다

I'd like to run a factory that manufactures chocolate.

나는 초콜릿 제조공장을 경영하고 싶다.

공장에서 대량으로 제조하는 행위를 manufacture라고 해요. 동사나 명사로 다 쓰여요.

{발음 tip} [매뉴획쳐r]가 좋은 발음이에요. 연습하세요! ㅎㅎ

---

private [práivit] 형 사적인, 사유의, 개인적인

My father works for a small private company.

우리 아버진 작은 개인 회사에서 일하신다.

국가나 공공 기관이 아닌, 개인이나 사적인 기관에 의해 운영되는 회사를 private company라고 해요.

{단어 tip} private room: 개인실, private school: 사립학교

---

combine [kəmbáin] 통 합병하다, 결합하다, 연합하다

Today, our school combined two classes.

오늘 우리 학교가 두 반을 한 반으로 합쳤다.

두 개가 합쳐져서 하나가 되는 경우 combine이라고 해요. 명사형은 combination이죠.

international [ìntərnǽʃənəl] 휑 국제적인, 국가 간의

We have to learn English hard because it is an international language.
영어는 국제어이므로 우리는 열심히 배워야 한다.

> inter- ~간의, 사이의 + nation 몡 국가 + -al(형용사형 어미) ~의
> = international. UN이나 FIFA 같은 국제적인 기관들을 international
> organization(국제기구)이라고 부르죠.
> {발음 tip} [인터r내셔널] → [이너r내셔널]

orphanage [ɔ́:rfənidʒ] 몡 고아, 고아원

He was sent to an orphanage when he was little.
그는 어렸을 때 고아원으로 보내졌다.

> orphan 몡 고아 + -age(명사형 어미) 생활하는 장소 = orphanage
> {발음 tip} [오퍼니즈]가 아니고 [어r휘니즈]에요. ㅋ

charity [tʃǽrəti] 몡 자선, 자비, 박애

Michael : Where did you do your voluntary work last summer?
Kate : In an AIDS charity.
마이클 : 지난여름에 어디에서 자선봉사 활동을 했니?
케이트 : 에이즈 자선단체에서.

> 일반적으로 가난하고 불쌍하고 아픈 사람들을 도와주는 '자선단체'를 charity라고 해요.
> {발음 tip} [체리티]라고 하면 마시는 차 이름이 되고 [췌러r티]라고 해야 통할 거에요.

serve [sə́:rv] 통 시중들다, 봉사하다

Mother Teresa spent her whole life serving poor people.
마더 테레사는 평생 동안 가난한 사람들을 위해 일했다.

> serve는 음식점에서 음식을 '가져다 주는' 것을 의미하고, 단체를 위해 '봉사한다'는 의미로도
> 많이 써요.
> {단어 tip} military service: 군복무

service [sə́:rvis] 명 공공사업, 봉사, 수고

Catholic charities are interested in a social service .
가톨릭 자선단체들은 사회사업에 관심을 가진다.

> public service(공공사업) 또는 social service(사회사업)에서뿐만 아니라, 상업이나 관광업 같은
> 분야의 산업을 말할 때도 써요. 또 교회 예배를 worship service라고 한다는 것도 꼭 알아두세요.

welfare [wélfɛ̀ər] 명 복리, 번영, 사회복지

'World Relief' focuses on the welfare of Somali people.
선명회는 소말리아 사람들의 복지에 중점을 두고 있다.

> 사람들의 삶의 질을 개선해주는 것, 궁극적으로 건강이나 재정상의 문제를 해결해서 행복을 가
> 져다 주는 것을 welfare라고 해요.
> {표현 tip} on welfare: 생활 보호를 받아

organize [ɔ́:rgənàiz] 동 조직하다, 창립하다, 구성하다

Our school has organized students into three groups.
우리 학교는 학생들을 세 그룹으로 편성했다.

> 명사형은 organization([ɔ̀:rgənəzéiʃən] 명 조직, 협회).
> {발음 tip} [오르개나이즈]가 아니고 [오r거나이즈]라고 해주세요. ㅎㅎ

poverty [pávərti] 명 가난, 빈곤, 결핍

Most of North Koreans are still suffering from poverty.
대부분의 북한 사람들이 여전히 가난으로 고통받고 있다.

> poor의 명사형. 반대말은 wealth([wélθ] 부) 또는 richness로 보면 되겠죠?
> {발음 tip} [파버티] [파버r뤼] 하면 무난합니당~

share [ʃɛ́ər] 명 몫, 주식 동 분배하다, 나누다

I share my room with my younger brother.
난 내 방을 동생과 같이 쓴다.

> share A with B : A를 B와 나누다/공유하다

3 무역

● **claim** [kléim] 명 청구, 권리 동 청구하다, 권리주장하다
Passengers claims damages against the airline after an emergency landing.
승객들이 불시착 후 항공사에 손해배상을 청구했다.

> have a claim on~은 '어떤 것을 요구할 권리를 갖는다'는 뜻이에요. 요즘 흔히 claim을 '소
> 비자의 불만토로'의 의미로 사용하고 있던데, claim과 complain은 다른 뜻이에요. 불만을 얘
> 기하는 것은 complain, claim은 권리주장이죠.

● **criterion** [kraitíəriən] 명 표준, 기준, 척도
Grace : What do you think is the criterion of success?
Charles : Maybe, making good money?
그레이스 : 성공의 기준이 뭐라고 생각하니?
찰스 : 글쎄, 돈 잘 버는 거?

> 어떤 의미를 결정하거나 판단하는 '기준'을 criterion이라고 해요. 이 단어는 라틴어에서 유래
> 되어서 복수는 –s를 붙이는 것이 아니라 criteria로 써요. 개성 있죠?
> {발음 tip} 발음하기가 쉽지 않은 단어인데요, [크라이**티어뤼언**] 하시면 pass~~^^

● **contract** [kántrækt] 명 계약, 약정 동 계약하다, 줄이다
Jason : I finish the contract with my company this month.
Jill : Are you going to stay with your company longer?
제이슨 : 이번 달에 회사와의 계약이 끝나.
질 : 회사에 더 있을 거니?

> contract는 동사로 '줄이다, 줄어들다'라는 뜻으로 쓰이기도 하는데 이때의 명사형은 con-
> traction([kəntrǽkʃən] 축약, 수축)이에요.
> {표현 tip} make a contract with: ~와 계약하다

● **damage** [dǽmidʒ] 명 손해, 손상 동 손해를 입히다
Michael : My stupid behavior damaged my company.
Karen : What happened?
마이클 : 내 멍청한 행동 때문에 우리 회사가 손해를 입었어.

캐런 : 무슨 일이 있었는데?

> damage는 주로 물리적인 피해를 의미하는데요. 예를 들어, 차가 손상되거나(a car is dam-
> aged), 뇌가 손상되거나(one's brain is damaged) 하는 등에 쓰이죠.
> {표현 tip} damages: 손해배상금, a claim for damages: 손해배상청구

deal [díːl] 명 거래, 분배 동 나누다, 거래하다

The Korean government failed to make a deal with America.

한국 정부는 미국과의 거래를 성사시키는 데 실패했다.

> '거래하다'는 make a deal with고, '거래를 끊다'는 cut the deal이에요. 또한 deal with +
> 명은 '~을 다루다'는 뜻이죠.

debt [dét] 명 빚, 부채, 신세

I have to pay off my debt to the bank by this month.

나는 이번 달까지 은행 빚을 갚아야 한다.

> {표현 tip} the national debt: 국채, get into debt: 빚을 지다
> {발음 tip} b는 묵음이라서 발음하지 않고 [뎃ㅌ]라고 하면 good~

decrease [diːkríːs] 동 줄다, 감소하다 명 감소

The new president promises decreasing unemployment rates by next year.

새 대통령은 내년까지 실업률을 줄일 것이라고 약속했다.

> increase의 반대말이죠.

increase [inkríːs] 동 늘리다, 증가하다

I didn't buy my new car because the car price is increased.

차 가격이 올라서 새 차를 못 샀다.

> {표현 tip} Her waistline has increased with her age. 그녀의 허리둘레가 나이 들면서
> 늘었다.

demand [diménd] 동 요구하다, 청구하다 명 수요, 요구

My girl friend demands many thing to me all the time.

내 여자 친구는 항상 나에게 요구하는 게 많다.

> 경제 원칙에서 '수요와 공급'을 빼놓을 수 없죠. 영어로는 demand and supply라고 해요.

exchange [ikstʃéindʒ] 명 주고받음 동 교환하다, 환전하다

Amy : Where can I exchange dollars into won?

Jason : Go to an exchange bank.

에이미 : 어디에서 달러를 원으로 교환하지?

제이슨 : 외환은행으로 가봐.

> '환전'을 의미하는 단어로 공항 환전소 간판에서 흔히 볼 수 있죠. 그럼
> 한국외환은행을 영어로 하면? KEB: Korea Exchange Bank ^^

export [ikspɔ́:rt] 명 수출 동 수출하다

Grace : What does your father do for a living?

Jason : My father works for an import and export company.

그레이스 : 너희 아버지는 무슨 일을 하시니?

제이슨 : 우리 아빠는 수입 수출을 하는 회사에 다니셔.

> ex- 바깥으로 + port 명 항구 = export 수출하다
> {단어 tip} an exporter: 수출업자, 수출국. exportable: 수출할 수 있는

import [impɔ́:rt] 명 수입 동 수입하다

Many Korean companies still import a lot of coffee from Brazil.

아직도 많은 한국 회사들이 브라질에서 다량의 커피를 수입해온다.

> im- 안쪽으로 + port 명 항구 = import 수입하다. export와는 반대로, 배를 통해 항구 안쪽으
> 로 물건을 수입해 들여왔으니까 '수입하다'를 뜻하죠.

impose [impóuz] 통 (세금을) 부과하다, 강요하다

The government imposed taxes on my dad's property.

정부가 우리 아버지 재산에 세금을 부과했다.

> impose A on B는 'A를 B에게 강요하다'를 의미하는데 세금에 대해서는 'B에 대해 A(세금)를 부과하다'를 의미하죠.

risk [rísk] 명 위험 통 위태롭게 하다, 무릅쓰다

Frank : Should I invest my money on stocks?

Ann: Don't put your money into stocks because there is a great risk.

프랭크 : 주식에 돈을 투자해야 할까?

사일러스 : 위험하니까 주식에 투자하지 마.

> {표현 tip} take a risk of + 명 : ~의 위험을 무릅쓰다

trade [tréid] 명 무역, 교역, 상사 통 무역하다, 교환하다

The American government will start trade with North Korea again.

미국 정부는 북한과 다시 무역을 시작할 것이다.

> trade는 경제활동에서의 '무역' 뿐만 아니라 '교환하는 모든 상업적인 행위'를 의미해요. 예를 들어 프로팀끼리 선수를 '교환하는' 것도 trade라고 하죠.

 ## 4 경제활동

plan [plǽn] 명 기획, 계획 통 계획하다

Martin : I am planning to have my own business.

Beth : What business do you want to have?

마틴 : 난 내 사업을 할 계획이야.

베스 : 무슨 사업을 하고 싶은데?

> plan to + 통 또는 plan + 명 의 형태로 쓰죠.

financial [finǽnʃəl] 형 재정(상)의

Next year the financial situation of Korea economy will be better.
내년에는 한국 경제의 재정 상태가 더 좋아질 것이다.

{단어 tip} financial ability 재력, financial condition 재정 상태

account [əkáunt] 명 계좌, 설명 동 설명하다 (for)

Josh : At which bank did you open your account in the US?
Sally : At the Bank of America.
자쉬 : 미국 어느 은행에서 계좌를 개설했니?
샐리 : 아메리카은행에서.

bank account는 은행계좌를 말하는데, 유학생들이 현지에 도착해서
가장 우선적으로 해야 하는 일 중 하나에요.^^

afford [əfɔ́:rd] 동 ~할 여유가 있다, 제공하다

Son : Mom, can you buy me a new MP3?
Mom : I cannot afford to buy a new one this month.
존 : 엄마, 새 MP3 하나 사주세요.
엄마 : 이번 달엔 새 것을 사줄 여유가 없단다.

경제적, 시간적으로 여유가 있다는 표현을 할 때 쓰는 단어인데요. 예를 들면, '책 살 돈이 없
어요'라고 할 때 I don't have enough money to buy a book.보다는 I don't afford to
buy a book.이라고 하는 게 훨씬 수준 높은 표현이랍니다.

crisis [kráisis] 명 위기, 중대국면, 고비

I think this economic crisis continues for a long.
내 생각엔 이 경제 위기가 오랫동안 계속 될 것 같다.

복수형은 crises(위기들).
{표현 tip} come to a crisis: 위기에 달하다

assess [əsés] 동 (세금, 재산 등을) 사정하다, 평가하다, 과세하다

My father says that the government assesses too much tax on us.
우리 아버지는 정부가 너무 많은 세금을 부과한다고 말씀하신다.

숫자를 세어보고, 뭔가를 재보는 행위를 assess라고 하죠.

benefit [bénəfit] 명 이익, 혜택 동 이익이 되다, ~에게 이롭다

Many kids' parents want to have the benefits from a good education program.
많은 학부모들은 좋은 교육 프로그램으로부터 혜택을 받고 싶어한다.

현재 상태보다 좀 더 나은 것을 얻는 것을 benefit이라고 하는데요. 형용사로는 beneficial ([bènəfíʃəl] 유익한)이 있죠.
{발음 tip} [베너휫]이라고 발음하면 OK!

analyze [ǽnəlàiz] 동 분해하다, 분석하다, 검토하다

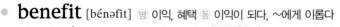

He has analyzed economic data at Samsung for 3 years.
그는 3년째 삼성에서 경제 데이터를 분석해왔다.

명사형은 analysis([ənǽləsis] 분석, 분해).
{발음 tip} [애널리즈] 하면 안 되고 [애널라이즈]라고 해주세요.^^

deserve [dizə́:rv] 동 ~할 만하다, ~할 가치가 있다, 자격이 있다

Karen : Sally failed in the mid-term exam.
Kyle : She deserves it.
캐런 : 샐리가 중간고사에서 낙제했대.
카일 : 그거 쌤통이다.

좋은 일이나 나쁜 일에 대해서 '누군가 마땅히 어떤 대가를 받을 만하다'라고 얘기할 때 써요.
The problem deserves solving. = The problem deserves to be solved.

economic [íːkənámik] 휑 경제적인, 경제학의

People say that Korean economic situation is very serious now.

사람들은 지금 한국 경제 상황이 매우 심각하다고 말한다.

> economy 몡 경제 + -ic(형용사형 어미) ~적인 = economic 경제적인. economic은 '경제적
> 으로 이득이 되는'을 뜻하기도 해요.
> {단어 tip} an economic policy: 경제정책

outcome [áutkʌ̀m] 몡 과정, 결과물, 성과물

Grace is pleased with an outcome from her efforts.

그레이스는 자기 노력의 결과에 만족해한다.

> 어떤 행위의 '결과물', 즉 밖으로(out) 나오는(come) 것을 outcome이라고 하는데요. result
> (결론)이라는 단어와 비슷한 의미로 쓰여요.

possess [pəzés] 동 소유하다, 지니다, 손에 넣다

Sarah : I wonder why Ann is attracted to her boyfriend.

John : Because he possess es a great Ferrari.

새라 : 나는 왜 앤이 그녀의 남자 친구에게 끌렸는지 궁금해.

존 : 남자 친구가 멋있는 페라리를 갖고 있거든.

> 뭔가를 '가지다, 소유하다'를 의미하는 대표적인 단어죠.
> {표현 tip} She is possessed by demons. 그녀는 귀신에
> 홀렸다.

sector [séktər] 몡 (사회, 산업 등의) 부문, 분야, 영역

My grandfather made a great contribution to the banking sector in Korea.

우리 할아버지는 한국의 은행 분야에 큰 공헌을 하셨다.

> 공공 부문의 일자리를 public-sector job이라고 하고, 서비스 부문의 일자리를 service-sec-
> tor job이라고 해요. 간단하죠?

wealth [wélθ] 몡 부, 재산

Ann : Mrs. Johnson donated a half of her property to the
      poor.
Steven : She used to think of her wealth as an every-
         thing of her life.

앤 : 존슨 부인이 자기 재산의 절반을 가난한 사람들에게 기부했대.

스티븐 : 예전에 그녀는 자기 재산을 인생의 전부로 여겼었어.

흔히 wealth(부)와 health(건강)을 다 소유한다면 세상에 부러울 것
이 없다고 하죠. 형용사형은 wealthy([wélθi] 부유한) = rich.

School Life

학교생활

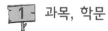 **과목, 학문**

category [kǽtəgɔ̀:ri] ⑲ 범주, 구분, 학문

Steven : What category is English in your school?
Jill : It's a foreign language.

스티븐 : 너희 학교에서 영어는 어떤 영역에 속하니?
질 : 외국어 영역이지.

> 대학에서는 전공에 따라 학생들이 구분되는데 '서로 다른 학문의 영역'을 category라고 해요.
> 동사는 categorize([kǽtigəràiz] 구분하다)라고 해요.
> {발음 tip} [캐터고리] 또는 [캐러고뤼]라고 해주세요.^^

activity [æktívəti] ⑲ 활동, 활약, 활기

Tracy : What is our club activity on Saturday?
Mark : We will go hiking on a mountain.

트레이시 : 이번 토요일 우리 클럽활동이 뭐지?
마크 : 산에 올라갈 거야.

> act ⑧ 활동하다, 행동하다 + ive(형용사형 어미) ~적인 + ity(명사형 어미) ~것 = activity(활
> 동). 대학교 내에선 클럽활동(Club Activity)을 줄여서 CA라고도 표현해요.

club [klʌ́b] ⑲ 클럽, 동아리 ⑧ 곤봉으로 때리다, 결합시키다

Ann : Which club do you belong to?
Sarah : I belong to the school band.

앤 : 넌 어떤 클럽에 속해 있니?
새라 : 학교 밴드에 들어가 있어.

> club은 '동아리' 또는 '나이트클럽' 같은 장소를 가리키는데요, 프로 운동경기 팀을 지칭할 때
> 도 club이란 단어를 써요. 예) Dodgers Club: 다저스 팀

English [íŋgliʃ] 명 영어, 영국인 형 영어의, 영국의

Student : I'm not good at English writing.
Teacher : Try to read good books and write an English journal everyday.
학생 : 저는 영작을 잘 못해요.
선생님 : 좋은 책들을 읽고 매일 영어일기를 써보렴.

English는 '영어'라고 많이 쓰지만 England(영국)의 형용사형으로도 쓰여요. 예전에 영국가수 Sting의 'English Man in New York'이란 곡이 아주 인기 있었죠.

gymnastics [dʒimnǽstiks] 명 체조, 체육

Teacher: At this time, we'll learn gymnastics. It develops our body strength.
선생님 : 이번에는 체조를 배울 겁니다. 체조는 우리 몸의 힘을 길러줘요.

보통 줄여서 gym이라고 표현해요. gym은 gymnasium의 준말로 명 '체육관, 체육, 체조'라는 의미가 있답니다.
{발음 tip} [짐내스틱] 하고 발음하면 pass~~

mathematics [mæ̀θəmǽtiks] 명 수학

Sandy : I failed the mathematics test last month.
Jason : That's too bad. I got an A.
샌디 : 지난달에 수학시험에 낙제했어.
제이슨 : 안됐구나. 난 A를 받았지.

줄여서 math라고 쓰는데요, 여러분이 거의 다 싫어하는 과목이죠?

social [sóuʃəl] 형 사회적인, 사교적인, 사귐성이 있는

Kyle : I learned about Holland in my social studies class today.
Sally : Holland is famous for tulips.
카일 : 오늘 사회 시간에 네덜란드에 대해 배웠어.
샐리 : 네덜란드는 튤립으로 유명하지.

미국 정규 교육과정에 social studies 또는 social science 과목이 있어요. 우리나라 사회과 목으로 생각하면 되요.
{단어 tip} social politics: 사회 정책문제, social statistics: 사회통계학

subject [sʌ́bdʒikt] 명 학과, 과목, 주제, 주어, 대상

Ann : What is your favorite subject in school?

Sarah : I like history best.

앤 : 학교에서 가장 좋아하는 과목이 뭐니?

새라 : 나는 역사가 가장 좋아.

> favorite subject 하면 '가장 좋아하는 과목'을 의미하고, essay subject는 '에세이 주제'이고
> subject and verb 하면 '주어와 동사'를 의미해요.

technology [teknálədʒi] 명 과학 기술, 공학

I think modern technology helps people have a better life.

나는 현대 기술이 사람들에게 더 나은 삶을 살 수 있게 한다고 생각한다.

> {발음 tip} [테크놀로지]보단 [텍날러쥐]라고 하면 원어민들이 잘 알아듣죠.

philosophy [filásəfi] 명 철학, 깨달음, 인생관

My cousin is majored in Philosophy at the college.

내 사촌은 대학교에서 철학을 전공한다.

> 그리스어 philos(lover) + sophia(wisdom)에서 나온 말. 지혜를 사랑하는 사람들의 학문이
> philosophy가 된 거죠.

literature [lítərətʃər] 명 문학, 문예, 조사 보고서

I want to study English Literature at college.

나는 대학에서 영문학을 공부하고 싶다.

> 요즘에 와서 많이 바뀌긴 했지만 한국의 대학에는 영어영문학과가 많았는데 이것을 영어로 하면
> English Language and Literature라고 해요. 그럼 국문학을 영어로 하면? Korean Literature가
> 되죠.
> {발음 tip} [리터리추어] 하면 좀 촌스러워요. [리러뤼취]라고 발음하면 cool 하죠!^^*

economics [ìːkənámiks] 몡 경제학

Jill : Why do you study economics at college?

Steven : Because I am interested in economy.

질 : 너는 왜 대학에서 경제학을 공부하니?

스티븐 : 경제에 관심이 있어서 그래.

economic에 -s가 붙으면 '경제학'이라는 학문을 의미해요. 뒤에 -s가 붙었다고 해서 복수는 아니에요. 학문이기 때문에 단수 취급한다는 사실에 유의하세요.

예) physics: 물리학

education [édʒukèiʃən] 몡 교육, 훈련

I like physical education class most.

난 체육시간을 가장 좋아한다.

{단어 tip} an educator: 교육자, 교직자

grammar [grǽmər] 몡 문법, 어법, 초보, 원리

Even many American students are poor at English grammar.

심지어 많은 미국 학생들도 영어문법에 약하다.

2005년 미국 SAT에 grammar가 추가된 다음부터 미국 학생들의 grammar 실력이 강조되었는데요, 자기나라 말이라고 grammar도 잘할 거라고 생각하면 큰 오산이죠.

major [méidʒər] 몡 전공과목, 전공 학생, 큰 업체 혱 전공의, 주된

Grace : What is your major in your college?

Steven : My major is economics.

그레이스 : 넌 대학에서 뭘 전공하니?

스티븐 : 내 전공은 경제학이야.

major는 대학, 또는 대학원에서의 '전공'을 의미하고 minor[máinər]는 부전공을 의미해요. 반면에 minor는 '사소한'이란 의미도 있고, major는 '주요한' 이란 의미로도 많이 사용 돼요.

{표현 tip} the major problem: 주된 문제, 주요한 문제. the major opinion: 다수 의견

project [prɔdʒékt] 명 과제, 기획 연구과제 동 기획하다, 발사하다

Mark : How is your science project going?
Eunice : I didn't start it yet.

마크 : 너의 과학 연구과제가 어떻게 되고 있니?
유니스 : 아직 시작도 안 했어.

> 미국과 한국의 중고등학교의 차이점 중 하나가 미국 학교에서는 project 숙제를 많이 내준다는 건데요, 창의적 사고 및 협동심을 길러준다는 면에서 우리나라의 주입식 교육보다는 project 숙제가 학생들에게 유익한 것 같군요.

text [tékst] 명 본문, 원본

I use text messages more with my cell phone.
난 휴대폰으로 문자 메시지를 더 많이 사용한다.

> '본문'을 text라고 하는데, 학교에서 배우는 글도 text라고 해요. 그리고 요즘 여러분들이 많이 하는 '문자 메시지'가 영어로는 a text message에요.

logic [ládʒik] 명 논리학, 논리, 조리, 이치

My teacher's lecture is not logic.
우리 선생님의 강의는 논리에 맞지 않다.

> 일종의 학문인 '논리학'이나 '논리'를 logic이라고 하죠. 예전 1979년도에 Super-Tramp라는 가수의 'The Logical Song'이 큰 인기를 누렸었죠. 한번 들어보세요.^^

concept [kánsept] 명 (철학) 개념, 구상, 발상

We have to think about the concept of freedom carefully.
우리는 자유의 개념에 대해 조심스럽게 생각해봐야 한다.

> idea라는 단어와 같이 사용할 수 있어요.
> {발음 tip} [컨셉트] 하지 말고 [컨셉] 하고 간략하게 발음해요.

conference [kάnfərəns] 명 협의, 학회

Tracy : I am going to attend a student conference at the
        University of Hawaii.
Sarah : I want to go there with you.

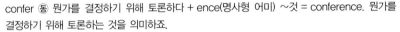

트레이시 : 하와이 대학에서 하는 학생 학술대회에 참가하려고 해.
새라 : 나도 같이 거기 가고 싶다.

> confer 동 뭔가를 결정하기 위해 토론하다 + ence(명사형 어미) ~것 = conference. 뭔가를
> 결정하기 위해 토론하는 것을 의미하죠.
> {단어 tip} an academic conference: 학회, a news conference: 기자 회견

 ## 2 학생 관련

presence [prézəns] 명 존재, 출석, 참석

I was not aware of his presence in the class.
난 그가 수업에 참석한 것을 미처 알지 못했다.

> present 형 '출석한, 존재하는'의 명사형. important—importance처럼 뒤에 —ce가 붙어서 명
> 사가 된 형태죠.
> {표현 tip} in the presence of: ~의 면전에서

attend [əténd] 동 참석하다, 시중들다

If you are a student, you have to attend your classes everyday.
만일 네가 학생이라면 매일 수업에 참석해야 한다.

> 명사형은 attendance([əténdəns] 참석, 출석)와 attention([əténʃən] 주의, 경청) 두 가지가 있죠.
> {표현 tip} attend at a wedding ceremony: 결혼식에 참석하다, attend at a college:
> 대학을 다니다

absence [ǽbsəns] 명 부재, 결석, 불참, 결근

My teacher was worried by Jane's frequent absences .
우리 선생님은 제인의 잦은 결석을 걱정하셨다.

> {표현 tip} in the absence of: ~이 없으므로

turn [tə́ːrn] 동 회전하다, 방향을 바꾸다, 돌리다 명 회전, 순번

John : I don't like washing dishes everyday. Let's take turns.
Eunice : Sure.

존 : 매일 설거지 하는 게 싫어. 순번을 정하자.
유니스 : 좋아.

> turn은 '돌리다, 돌아서다'의 뜻으로 쓰이지만 명사로는 '순번, 차례'를 의미해서 take turns 하면 '순번을 정해서 하다'를 의미한답니다.

underline [ʌ̀ndərláin] 동 밑줄을 긋다, 강조하다

Teacher : Please underline the word of society in your textbook.

선생님 : 교과서에 있는 사회라는 단어에 밑줄을 그어라.

> under- 아래에 line(줄)을 긋는 것을 말하지요. 중요한 부분에 underline하라고 하는 것은 동 서양 다 비슷한 거 같더군요.

gain [géin] 동 얻다, 획득하다, 달성하다

These days, I have gained five pounds.

요즘 몸무게가 5파운드 늘었다.

> {표현 tip} no pain, no gain: 고통이 없으면, 얻는 것도 없다 gain my living: 생활비를 벌다

fail [féil] 동 실패하다, 낙제하다, 시들다, 약해지다

I failed in persuading my friend.

난 내 친구를 설득하는 데 실패했다.

> fail in: ~에서 실패하다. fail in my business 하면 '사업에서 망하다'를 의미하죠. 명사형으로 는 failure([féiljər] 실패)가 있지요. 왜 대학교에서 F 학점이라고 하는지 알아요? 'failure' 그 과목에서 실패했다는 의미라서 그래요.

improve [imprú:v] 동 개선하다, 나아지다, 향상되다

Grace : I really want to improve my English. What should I do?
Kyle : Try to make American friends.

그레이스 : 나는 영어말하기 실력을 향상시키고 싶어. 무엇을 해야 하지?
카일 : 미국 친구들을 사귀어봐.

improve는 점점 '더 나아지다'라는 뜻이라서 get better와 같이 사용하면 돼요.

pupil [pjú:pəl] 명 학생, 제자

Greg : How many pupils does Mrs. Brown have in her class?
Ann : There are fourteen students.

그렉 : 브라운 선생님 반에 학생들이 몇명이지?
앤 : 14명이야.

주로 '초등학생이나 중학생'들을 가리킬 때 pupils라고 해요. 다른 뜻으로는 눈에 있는 pupil (동공)을 가리켜요.
{발음 tip} [푸필]이 아니고 [퓨삘]이라고 발음하세요~

ability [əbíləti] 명 능력, 재능, 재주

If we listen to English news everyday, our listening ability will be improved.

만약 우리가 매일 영어뉴스를 듣는다면, 청취능력이 향상될 것이다.

ability는 후천적, 선천적인 능력을 의미하고, capability는 잠재적인 수용 능력을 의미할 때 사용한답니다.

acquire [əkwáiər] 동 얻다, 습득하다, 배우다

We must be careful to acquire a bad habit.

우리는 나쁜 버릇이 붙는 것을 조심해야 한다.

get(얻다)와 비슷한 의미인데요. 하지만 그냥 거저 얻는 게 아니라 일상생활과 일상경험을 통해 꾸준히 배워서 '습득하는' 것을 의미한답니다.

assignment [əsáinmənt] 명 과제, 임명

Grace : Did you finish today's assignment?
Michael : Not yet.

그레이스 : 오늘 과제 끝냈니?
마이클 : 아니 아직.

> 미국 학교에서는 homework보다 더욱 보편적으로 쓰이는 단어죠.
> {발음 tip} [어사이그먼트]가 아니고 [어싸인먼트]라고 하세요, please~

backpack [bǽkpæ̀k] 명 (등에 메는) 가방, 배낭

I need to buy a brand-new backpack for my school.

난 학교에 들고 다닐 새 가방이 필요하다.

> back 명 등 + pack 명 가방 = backpack. 말 그대로 등에 메는 가방이죠. 여러분들이 메고
> 다니는 거랑 똑같아요.ㅋ

bow [bóu] 동 절하다 명 절, 인사

Ann : We usually bow to teachers to show our respect to them.
Mark : You just don't say hello to them by waving?

앤 : 우리는 늘 선생님께 존경을 표하기 위해 고개를 숙여서 인사해.
마크 : 손을 흔들어서 인사하는 게 아니고?

> bow는 자기보다 위에 있는 사람에게 인사하는 방식인데요. 그 외에 다른 뜻으로는 '활, 매듭,
> 배의 머리 부분'으로도 쓰여요.

classmate [klǽsmèit] 명 같은 반 친구, 급우

I play well with my classmates in the class.

난 교실에서 급우들과 잘 어울린다.

> 미국의 학교에서는 한국에서와 같은 homeroom(조례)의 개념이 없고 대학교에서처럼 자신의
> class schedule에 따라 이리저리 옮겨 다녀요. classmate는 friend보다는 친밀도가 약한 '같
> 이 수업 듣는 급우' 정도로 해석하면 되지요.
> {단어 tip} roommate: 같은 방을 쓰는 단짝, cellmate: 감옥 동료

fault [fɔ́ːlt] 명 결점, 과실, 단점

Everyone commits a fault sometimes.

누구나 가끔 실수를 범한다.

> 자신이 잘못하면 바로 'I am sorry, it's my fault.'라고 인정하면 cool하고 좋잖아요? 서로 얼굴 붉히거나 마음 꽁하게 있을 필요도 없죠.ㅎㅎ

grade [gréid] 명 등급, 학년, 학점, 성적, 평점

Tom : What grade are you in?

Student : I am a second grade of middle school.

탐 : 넌 몇 학년이니?

학생 : 중학교 2학년이에요.

> '학년' 말고도 '성적, 학점, 평점'의 의미로도 많이 쓰여요.

locker [lɑ́kər] 명 자물쇠, 사물함 동 가두다, 닫다

Teacher : Please put your textbooks in your locker before going home.

Student : But I have to do my homework at home.

선생님 : 집에 가기 전에 너의 사물함에 교과서를 다 넣어둬라.

학생 : 하지만 집에서 숙제를 해야 해요.

> 학생들의 책가방 무게를 덜어주기 위해 생긴 school locker(개인 사물함)은 매우 편리하죠. 여러분의 집 냉장고에 '락앤락' 음식용기가 있죠? 그게 바로 'lock and lock'(잠그다)라는 의미의 용기랍니다.
>
> {발음 tip} [로커]라고 하지 말고 [라커r]라고 발음하세요.

leader [líːdər] 명 지도자, 안내자, 지휘관

Grace : I would like to introduce our new team leader.

Paul : Hello, I am Paul. Nice to meet you.

그레이스 : 우리의 새로운 팀 리더를 소개하고 싶습니다.

폴 : 안녕하세요, 저는 폴입니다. 만나서 반갑습니다.

> lead 동 이끌다, 지도하다 + -er(명사형 어미) ~하는 사람 = leader(지도자). 반장을 class captain 또는 class leader라고 부르죠.

research [risə́:rtʃ] (동) 조사하다, 연구하다 (명) 연구, 조사

Greg : What are you doing these days?
Ann : I am researching an African language.

그렉 : 요즘에 뭘 하고 지내니?
앤 : 어떤 아프리카 언어를 연구하고 있어.

> 어떤 것에 대한 사실을 발견해내는 것을 research라고 해요.
> {발음 tip} [리서치]보다는 [뤼써r치]가 훨씬 좋은 발음이에요.

report [ripó:rt] (동) 보고하다, 보도하다, 신고하다 (명) 보고서

My dad reported a car accident to the police.

우리 아빠가 경찰에 차 사고를 신고했다.

> 쓰기 숙제를 대부분 report라고 하는데 report는 보고서에 한정해서 써야만 정확한 의미가 돼요. 예를 들어, '독후감'은 report가 아니고 paper라고 해야 되겠죠.

concentrate [kánsəntrèit] (동) 집중하다, 전념하다, 농축하다 (on)

I decide to concentrate on math subject from now on.

난 이제부터 수학공부에 집중하기로 결심했다.

> concentrate on + (명)의 구조로 문장에서 많이 보이죠. 가끔 오렌지 주스에 'a concentrated fruit juice'라고 쓰인 걸 본 적 있나요? 농축 과일주스라는 뜻이랍니다.
> {발음 tip} [컨센추레잇]이라고 발음해주세요~

roommate [rú(:)mèit] (명) 동거인, 합숙자

Ann : How is your roommate?
Greg : She never cleans up the room.

앤 : 네 룸메이트는 어떠니?
그렉 : 걔는 절대 청소를 안 해.

> room (명) 방 + mate (명) 친구 = roommate (명) 동거인. 여러분은 지금 누구하고 방을 같이 쓰나요?

teen [tí:n] 몡 10대 혱 10대의, 10대를 위한

Middle school students are all teens.
중학생들은 모두 십대다.

> teens와 teenager를 가리켜 '십대'라고 하는데요. 주로 13살부터 19살까지를 가리켜요. 또 a teen movie(십대를 위한 영화), a teen band(십대로 구성된 음악밴드)에서는 형용사로 쓰이죠.

uniform [jú:nəfɔ̀:rm] 몡 교복, 제복 혱 한결같은, 균일한, 일정한

Some students don't like to wear a school uniform because they look so similar to each other.
간혹 학생들은 개성이 없어 보이기 때문에 교복 입는 것을 좋아하지 않는다.

> uni-(하나의) + form(형식, 모습). 즉 모두 '같은 모습을 띄게 해주는 옷'을 uniform이라고 하겠지요?

behavior [bihéivjər] 몡 행동, 행위 몡 행동하다, 처신하다

Jill : Good behavior is important in school.
Mike : If our behaviors are not good, we can be punished.
질 : 착한 행동은 학교에서 중요해.
마이크 : 우리의 행동이 좋지 못하면 벌을 받을 수 있어.

> behave[bihéiv] 몡 행동하다 + -io(u)r(명사형 어미) = behavior(행동, 행위). "착하게 굴어라!"라는 표현으로 "Please behave yourself!"라고 한답니다.

review [rivjú:] 몡 논평, 재검토 몡 복습하다, 검토하다, 회고하다

We need to review what we learned in the class everyday.
우리는 교실에서 배운 것을 매일 복습해야 한다.

> re-(다시) view(보다)의 의미니까 배운 책을 다시 보면 '복습'이 되겠고, 작성한 서류를 다시 보면 '재검토'가 되겠고, 지난 삶을 다시 돌아보면 '회고'가 되겠죠. 의미가 다양해요.^^

hurry [hə́:ri] 동 서두르다 명 서두름

Mom : You're gonna be late for school. Please hurry up!
David : Yes, mom.

엄마 : 학교에 늦겠다. 제발 서둘러라.
데이빗 : 네, 엄마.

> in a hurry: 급하게, hurry up: 서두르다

3 학교 교육 과정

aim [éim] 명 목적 동 겨누다, 목표로 하다

Our school's education aims are to make students trustworthy.

우리 학교의 교육 목표는 학생들을 신뢰할 수 있는 사람으로 만드는 것이다.

> 명사로 쓰일 경우 포괄적인 의미의 '목표, 목적'으로 쓰이고, 동사의 경우 'aim A at B'하면 'A 를 B에게 겨누다'를 의미해요.

require [rikwáiər] 동 요청하다, 요구하다

Math and science are required in most middle schools.

수학과 과학은 대부분 중학교에서 필수다.

> 학교 교육과정에서 required course가 '필수과정'이라면, selective course는 '선택과정'을 가리켜요.

course [kɔ́:rs] 명 진로, 진행, 과정, 방향

My cousin is leaving for America to take a language course.

내 사촌은 랭귀지 코스를 밟으러 미국으로 떠난다.

> 일반적으로 탈것이나 그 외에 움직이는 것의 '경로'를 course라고 하죠. 그렇지만 학교에서도 특정 과목의 '교육과정'을 course라고 해요.

design [dizáin] 동 설계하다, 계획하다 명 도안, 밑그림

Mrs. Brown spends time designing her new class model.

브라운 선생님은 새로운 수업 모형을 설계하는 데 시간을 보낸다.

일반적으로 arts([ɑ́ːrts] 예술) 분야에서 옷이나 집, 가구를 design할 때 많이 사용되는 단어라고 알기 쉬우나, 넓은 의미로 무언가를 '설계하고 계획하다'의 의미로 많이 쓰여요.

develop [divéləp] 图 발달시키다, 개발하다

Most teachers develop their teaching materials during summer vacation.
대부분의 교사들은 여름 방학 동안 교습자료를 개발한다.

시간이 지남에 따라 무언가를 만들어내거나, 더 나은 상태로 발전시키는 것을 develop이라고 하죠. 명사형은 development.

experiment [ikspérəmənt] 图 실험 图 실험하다

My father spends ten hours a day for a biology experiment in the lab.
우리 아버지는 생물학 실험을 위해 연구실에서 하루에 10시간을 보낸다.

일반적으로 lab(실험실)에서 하는 '과학실험'을 의미하죠. 하지만 '한번 시도해본다'는 의미로도 쓰여요.
{발음 tip} [엑스페리먼트]가 아니구여 [익스**페뤄r**먼트]라고 힘차게 해주세요.

period [píəriəd] 图 기간, 시기, 생리

Grace : We have English class next period.
John : We had better hurry up now because we only have 5 minutes left.
그레이스 : 다음 시간이 영어수업 시간이야.
존 : 5분밖에 안 남았으니까 지금 서두르는 게 낫겠다.

1교시는 the first period, 2교시는 the second period라고 하죠.
{발음 tip} [페리오드]라고 하면 원어민들이 전혀 못 알아들을 거예요. [피어뤼얻]이라고 해보세요. 연습 많이 해야 됩니다.ㅋ

program [próugræm] 图 프로그램, 차례표 图 예정표를 짜다

Mark : Can I read a movie program here?
Clerk : Sure. They are on the table over there.

마크 : 영화 차례표 좀 볼 수 있을까요?

직원 : 물론이죠. 저기 테이블 위에 있습니다.

> program 하면 TV 또는 radio program을 떠올리기 쉬우나 학교에서도 program을 curriculum (교육과정)과 비슷한 의미로 써요.
>
> {단어 tip} program director: 프로그램 편성자

result [rizʎlt] 몡 결과, 결말, 성과 통 초래하다

Jill : How is your final exam result?

Mark : Don't ask me. That was terrible.

질 : 기말시험 결과는 어떠니?

마크 : 묻지 말아주라. 완전 망했어.

> 동사로 쓰일 때 result in : ~를 초래하다, result from : ~에 기인하다. 읽기 지문에선 헷갈리기 쉬우니 이 두 가지의 차이를 잘 구분해놔야 합니당~
>
> {발음 tip} [리설트]가 아니고 [뤼줘얼ㅌ] .

schedule [skédʒu(:)l] 통 예정하다 몡 일정, 예정, 시간표

I am scheduled to leave Seoul tomorrow.

난 내일 서울을 떠날 예정이다.

> 시간대 별로 정해진 '일정'을 schedule이라고 하잖아요? 동사로는 '예정하다'는 의미로 많이 쓰여요.
>
> {표현 tip} on the schedule: 예정대로, behind the schedule: 예정보다 늦게

semester [siméstər] 몡 학기

How many hours did you take this semester?

넌 이번 학기에 몇 학점을 듣니?

> 한국의 대학교는 2학기제(봄/가을)이지만 미국의 대학교는 학교마다 각 1년을 4등분(봄/여름/가을/겨울)하는 quarter system([kwɔ́:rtər sístəm] 4학기), 봄, 여름, 가을 세 개로 나누는 trimester([traiméstər] 3학기) system 등 다양해요.

academic [ӕkədémik] 휑 학구적인, 대학의

Steven : Jason is really academic because he likes studying all the time.
Eunice : I think so.
스티븐 : 제이슨은 정말 학구적이야. 항상 공부하는 것을 좋아하거든.
유니스 : 맞아.

> academic year는 '학교를 다니는 기간'을 말하죠. 사람의 특성으로 보자면 '학구적인' 사람이
> 고, academic research는 '대학에서 행해지는 연구'를 의미해요.
> {발음 tip} [아카데믹] 하면 원어민들이 알아듣긴 하겠지만 발음 좋다고 칭찬은 안 할 거예요.
> [애커데믹]이라고 힘주어서 해보세요.

advance [ədvǽns] 휑 전진, 선불, 예매 됨 발전하다, 향상되다

My friend is studying in the English advanced class at school.
내 친구는 학교에서 영어 고급과정을 듣고 있다.

> {단어 tip} advance payment: 선불, an advance ticket: 예매권
> {발음 tip} [어드뱬스]가 아니에요. [얻뷘~스]입니당~~

basic [béisik] 휑 기본 휑 기초의, 기본의

Whatever we do, we should follow the basics.
무엇을 하든 기본에 충실해야 한다.

> an advanced level의 반대는 a basic level.
> {발음 tip} [베이직]이라고들 하는데요, [베이씩]이에요, [베이직]이란 발음은 없답니다.

credit [krédit] 휑 학점, 신뢰, 영예

My class leader is a credit to the school.
우리반 반장은 학교의 자랑이다.

> {표현 tip} on credit: 외상으로, 신용으로, no credit: 외상사절

framework [fréimwə̀:rk] 명 기초, 뼈대, 틀, 테

I need to change my glasses' frame because it is broken.
내 안경테가 부러져서 바꿔야 한다.

그림의 틀이나 사진 액자의 틀은 다 frame이라고 해요.

level [lévəl] 명 수평, 높이, 고도, 수준

My English teacher says that my English writing level is very low.
영어 선생님은 내 영작수준이 아주 낮다고 얘기한다.

영어 말하기, 듣기, 읽기, 쓰기에서 level은 보통 advanced([ədvǽnst] 고급), intermediate ([ìntərmí:diit] 중급), basic([béisik] 기초)으로 나뉘죠. 어딜 가나 level 테스트를 해요.ㅠㅠ

award [əwɔ́:rd] 명 상, 수상식 동 수여하다, 상을 주다

I watch 'Oscar Award' on TV every year.
난 매년 TV에서 오스카 시상식을 시청한다.

보통 상금이나 상장 모두를 가리킬 때 award라고 해요. prize와 비슷한 의미로 쓰이죠. 매년 미국 할리우드에서 개최하는 최고 권위의 영화제가 an Academy (Oscar) Award에요.

prize [práiz] 명 상, 상품, 상금

Eugene : What is the prize for the winner on the English speech contest?
Rick : A $1,000 scholarship.
유진 : 영어 말하기 대회에서 우승한 사람은 무슨 상을 받니?
릭 : 1,000달러 장학금.

award와 함께 따라오는 '상금이나 값어치 있는 물건'을 prize라고 하죠.

term [tə́:rm] 명 학기, 용어

Steven got straight A's in his first term at a college.
스티븐은 대학교 첫 학기에 모든 과목에서 A를 받았다.

4 학교 체계

rule [rú:l] 명 규칙, 규정 동 지배하다, 통치하다

Teacher : Turn off your cell phone before the class. It's my rule.
Students : Yes, sir.

선생님 : 수업 시작 전에 휴대폰을 꺼주세요. 제 규정입니다.
학생들 : 알겠습니다, 선생님.

> 어느 단체나 기관, 모임을 가든지 그곳의 rule은 존재하기 나름이죠.
> {표현 tip} make it a rule to do: ~하는 것을 규칙으로 하다, 늘 ~하곤 하다

primary [práimèri] 형 초기의, 주요한, 제 1위의

Many countries focus on the importance of primary education.

많은 국가들이 초등교육의 중요성에 집중하고 있다.

> primary school과 elementary school은 '초등학교'라는 뜻으로 쓰이지만, 국가마다 부르는 명칭이 달라요. 미국이나 한국은 elementary school을 선호하고, 영국이나 유럽 국가들은 primary school이라고 많이 쓰죠.

institution [ìnstətjú:ʃən] 명 학원, 보호시설, 제도

I go to three private institutions after school.

난 방과 후에 세 곳의 사설 학원을 다닌다.

> medical institution은 '의학 학회', the institution of family는 '가족제도', 이렇게 다양하게 쓰여요. 그럼 an English language institution 하면? 여러분이 다니는 영어학원이란 뜻이죠.

institute [ìnstətjù:t] 명 학원, 연구소 동 설립하다

My uncle works for Samsung Technology institute.

우리 삼촌은 삼성 공학 연구소에서 일한다.

> 연구나 조사 같은 특별한 일을 수행하도록 만들어진 기관을 institute라고 하고, 동사로도 많이 써요.

college [kɑ́lidʒ] 명 대학교, 단과대학

Our parents want me to enter the best college in Korea.

우리 부모님은 내가 한국에서 제일 좋은 대학교에 입학하길 원하신다.

> college는 전문대학이 아닌 '단과대학'을 의미하고, 박사과정까지 모두 개설되어 있는 큰 규모의 '종합대학'은 university라고 해요. 또한 미국에는 community college라는 것이 있는데, 2년제 전문대학교 정도로 보면 되요.

certificate [sərtífəkit] 명 증명서, 인증서 동 ~을 증명하다

Brown : Do you have a certificate of Education?

Thomas : Sure. Here is mine.

브라운 : 교육학 수료증이 있으십니까?

토마스 : 물론이죠. 여기 있습니다.

> 정규과정을 이수하고 받는 '이수증, 수료증'을 certificate이라고 해요.
> {발음 tip} [서티피케이트]라고들 많이 하던데요, [써r티피컷]이라고 하면 원어민이 잘 알아들을 거예요.^^

university [jùːnəvə́ːrsəti] 명 (종합)대학

Teacher : You have to study hard if you want to go to university in Korea.

Student : I know.

선생님 : 한국에서 대학을 가고 싶다면 열심히 공부해야 해.

학생 : 알아요.

> 앞에서 얘기했지만, 큰 규모의 종합대학을 university라고 해요. 한국의 4년제 대학들은 대부분 종합대학의 형태이기 때문에 university라고 부른답니다.

kindergarten [kíndərgàːrtn] 명 유치원

Steven : My son goes to 'Angel Kindergarten' near my house.

Sarah : Already?

스티븐 : 우리 아들은 집 근처에 있는 엔젤 유치원에 다녀.

새라 : 벌써?

독일어로 kinder는 '아이들'을, garten은 '정원'을 의미하죠. 한마디로 '아이들이 다니는 정원', 즉 '유치원'이겠죠?

{발음 tip} 스펠링 그대로 읽으면 [킨더가튼]이 되겠지만 실제 발음은 전혀 다르죠. [킨더가ㄹ~은]이라고 하세요. 연습 필수!

---

5 교실 관련

cassette [kæsét] 몡 카세트

Brown : Hey, can I borrow your cassette?

John : Sure. It is in my cabinet.

브라운 : 이봐, 네 카세트 좀 빌려도 될까?

존 : 물론이지. 내 캐비닛 안에 있어.

단어의 발음이 두 음절로 끊어지는 것에 유의하자고요. Listening 시험 때 놓치기 쉬운 단어에요.

{발음 tip} [카세트]도 길어요. 그냥 [커쎗~] 하면 되죠.

---

choose [tʃúːz] 몽 고르다, 선택하다

Steven : What classes did you choose?

Jill : I chose the required classes for history and chemistry.

스티븐 : 어떤 수업을 선택했니?

질 : 나는 필수과목으로 역사하고 화학을 골랐어.

미국의 고등학교는 필수과목의 수가 적고, 자신의 실력에 맞게 반을 선택하고 이동하게 되어 있어서 좋아요. 동사변화: choose-chose-chosen

---

floor [flɔ́ːr] 몡 바닥, 층

Mark : Excuse me, where is a teachers' office?

Ann : There is on the second floor.

마크 : 실례합니다만 교무실이 어디죠?

앤 : 2층에 있어요.

'This floor is slippery.'(바닥이 미끄럽습니다)라는 주의 문구는 미국에서 흔히 볼 수 있는 문구에요. 여기서 floor는 '바닥'을 의미하죠. 그리고 the first floor, the second floor처럼 앞에 the를 붙여 '~층'을 의미한다는 것도 기억해두세요.

lab [lǽb] 몡 실험실, 연구실

We make a biology experiment in the lab today.
우리는 오늘 연구실에서 생물학 실험을 한다.

lab은 각종 연구실을 의미하는데요. Computer Lab은 '멀티미디어와 인터넷이 연결된 컴퓨터들이 있는 곳'이고 Linguistic Lab은 '언어학 관련 프로그램이 깔린 컴퓨터실', Language Lab 하면 '어학공부용 컴퓨터와 녹음기가 들어 있는 교실'을 말한답니다.

mop [mάp] 동 자루걸레로 닦다 몡 자루걸레

We always mop the floor in our class room after school.
우린 항상 방과 후 교실 바닥을 걸레질한다.

학교에서 바닥을 청소하려면 대걸레가 필요하죠. 대걸레를 mop이라고 하고, 빗자루는 broom, 쓰레받기는 dustpan, 걸레는 dust cloth라고 해요. 알아두면 상식이 되겠죠?
{표현 tip} mop up: 걸레질하다, 닦아내다, 마무리하다

noisy [nɔ́izi] 혱 시끄러운, 떠들썩한

Smith : Why are students so noisy today?
Johnson : Because summer vacation starts tomorrow.
스미스 : 오늘 학생들이 왜 이렇게 시끄럽죠?
존슨 : 왜냐하면 여름방학이 내일 시작하거든요.

선생님이 'Don't make a noise!' 하면 '조용히 해라!'를 의미해요. 'Shut up!'을 함부로 쓰면 절대 안 돼요. 무례한 표현이에요.

notebook [nóutbùk] 몡 공책

Teacher : Please write your answers in your notebook after solving the questions.
Mike : Yes, teacher.

선생님 : 문제를 푼 후에 공책에 답을 쓰세요.

마이크 : 알겠습니다, 선생님.

우리가 흔히 공책을 note라고 하는데 note는 '메모, 쪽지'라는 뜻이고 notebook이라고 해야 맞는 표현이에요. 또 notebook computer를 미국에서는 laptop이라고 하죠.

{발음 tip} [노트북] 하지 말고 [노웉북] 하고 발음해주세요.

partner [páːrtnər] 명 짝, 동료, 상대방

I am going to a dance party tonight, but I have no partner to go with.

난 오늘밤 파티에 가야 하는데 파트너가 없다.

나와 같이 일을 하는 모든 짝을 partner라고 해요. '평생 배우자'라는 의미로도 쓰여요.

sweep [swíːp] 동 청소하다, 쓸다, 날려버리다

Sarah : Let's sweep this room first.

Grace : What should we do after doing this?

새라 : 이 방을 우선 쓸자.

그레이스 : 이거 다 하고 나서 뭘 하지?

미국에선 한국과는 달리 학생들이 청소하지 않아요. 용역을 맡은 청소부들이 교실을 청소하죠.

현재-과거-과거분사는 sweep-swept-swept

rubber [rʌ́bər] 명 지우개, 고무

Student : Can I use a rubber to erase my writing on the test?

Teacher : No. You should use another test sheet.

학생 : 시험 중에 쓴 것을 지우기 위해 지우개를 사용해도 될까요?

선생님 : 아니. 다른 시험지를 써야 해.

a rubber band는 '고무줄'이에요. 지우개도 고무로 만드니까 rubber라고 하죠.

{발음 tip} [러버]라고 발음하면 'lover'를 말하는 것으로 알아요.

확실히 [뤄버]라고 해주세요.

6 시험

reward [ríwɔ́:rd] 명 상 동 상을 수여하다, 보상하다

A daughter of my mother's friend is rewarded as the best student in her school.

우리 엄마 친구 딸이 그 학교에서 최고학생으로 뽑혔다.

> award나 prize는 '상'이지만 '상품, 상금'의 의미가 강한 반면, reward는 포괄적인 의미의 '상'으로 쓰여요.

recommend [rèkəménd] 동 추천하다, 권하다, 권고하다

My teacher recommended me as a 'student of the year'.

우리 선생님이 나를 올해의 학생으로 추천해주셨다.

> 미국에 유학가거나 회사에 취직할 때 a recommendation letter(추천서)가 중요한 역할을 해요. 주로 회사 상사나 대학교 교수님이 해주는데 반드시 본인 친필 서명이 포함되어야 하죠.

copy [kápi] 명 복사, 광고문안 동 베끼다, 모방하다

We must not copy other students' homework.

우리는 다른 사람의 숙제를 베끼지 말아야 한다.

> 미국에서 남의 글을 베끼는 것은 심각한 범죄로 인식되요. 좀 어려운 말로 plagiarism ([pléidʒiərìzəm] 명 표절)이라고 하는데 어릴 때부터 표절은 일종의 사기라고 가르치죠.
> {단어 tip} a copy machine: 복사기, make a copy: 복사하다

entrance [éntrəns] 명 입학, 입구

Mom : You have to study hard for the college entrance exam.

Son : I know.

엄마: 너 수능(대학입학시험) 잘 보려면 열심히 공부해야 해.

아들 : 나도 안다구여.

> enter[éntər] 동 입학하다, ~에 들어가다 + ance(명사형 어미) = entrance 명 입학. exit ([égzit] 명 출구)와 반대되는 말로도 쓰이며 주로 '학교 입학'을 가리킬 때 많이 쓰여요.
> {발음 tip} [엔트런스]보단 [엔추런스]라고 하면 더욱 좋게 들린답니다.

mid-term [míd-tə:rm] 명 학기 중간, 임기 중간

Ann : Our mid-term exams are coming.
Fred : I am stressed out.
앤 : 중간고사가 다가오고 있어.
프레드 : 스트레스 받아.

중간고사는 mid-term exams, 기말고사는 final exams 또는 finals라고 해요.

examination [igzæmənéiʃən] 명 시험

Jill : How was your math exam?
Fred : It was terrible. I have never had that difficult exam.
질 : 너 수학시험 어땠어?
프레드 : 끔찍했어. 그렇게 어려운 시험은 처음이야.

test가 평소에 치는 일반 시험이라면 exam은 중간고사, 기말고사처럼 정
기적으로 치는 정규시험을 의미해요.

quiz [kwíz] 명 질문, 작은 시험

Teacher: Now, we'll take a pop quiz on chapter twelve.
선생님: 지금 12장에 대한 쪽지시험을 보겠어요.

예고 없이 갑자기 치르는 쪽지시험을 a pop quiz라고 해요. quiz show뿐만 아니라 수시로
치르는 쪽지시험도 quiz라고 한다는 거 기억하세요.

record [rikɔ́:rd] 동 기록하다, 녹음하다 명 기록, 음반

When I read an English book, I record my voice in the cassette tape.
난 영어책 읽을 때, 내 목소리를 카세트테이프에 녹음한다.

일반적으로 '기록하다'의 의미로 쓰이지요. 그래서 학교에서 a cumulative
record라고 하면 한국의 '생활기록부'를 의미해요.
{발음 tip} 명사일 땐 [뤠코드], 동사일 땐 [뤼코드] .

aptitude [ǽptitùːd] 명 소질, 재능, 적성

Grace : I don't know what my aptitude is.
Sarah : I think you have a good aptitude for learning languages.

그레이스 : 나는 내 적성이 무엇인지 모르겠어.
새라 : 내 생각에는 네가 언어를 배우는 데 재능이 있는 것 같아.

> attitude([ǽtitʃùːd] 태도, 자세)와 발음과 스펠링이 헷갈리기 쉬우니 잘 구분하도록 하세요.

blank [blǽŋk] 명 빈칸, 공백

Fill in the blanks to complete the sentence.

문장을 완성하기 위해 빈칸을 채워 넣으세요.

> 시험문제에서 '빈칸을 채우세요' 할 때 흔히 나오는 단어죠. 영어로 '백지'를 white paper로
> 생각하기 쉬운데 blank paper라고 해야 해요.
> {단어 tip} a blank tape: 공 테이프, a blank space: 여백

mark [máːrk] 동 표시하다, 점수 매기다 명 자국, 흔적, 표적

Student : Did you mark on my essay?
Teacher : I didn't mark yours yet.

학생 : 제 에세이 점수 매기셨어요?
선생님 : 아직 안 했는데.

> 표시를 하거나 점수를 매긴다고 할 때 가장 흔히 쓰는 단어에요.

preparation [prèpəréiʃən] 명 준비, 채비, 각오

I make a preparation to take a math competition.

나는 수학 경시대회에 나갈 준비를 한다.

> prepare([pripέər] 동 준비하다)에서 나온 명사형이죠.
> {표현 tip} in preparation for: ~를 준비하여, ~에 대비하여

advice [ədváis] 명 충고, 조언

My tutor gave me an advice on how to study English and math.
과외 선생님은 내게 영어와 수학을 공부하는 방법에 대해 조언해주셨다.

> advise([ædváiz] 동 충고하다)와의 발음 차이에 주의하기!

material [mətíəriəl] 명 재료, 원료, 도구 형 물질적인, 세속적인

Martin : Shall we see a movie on Sunday?
Karen : Sorry, I have to prepare teaching materials for my lessons next week.
마틴 : 일요일에 영화 보러 갈까?
캐런 : 미안하지만 다음 주 수업을 위해 수업자료를 준비해야 해.

> material은 눈에 보이는 '물질'을 의미하지만 teaching을 위한 '자료'라는 의
> 미로도 많이 쓰이지요.
> {표현 tip} She is a material girl. 그녀는 물질을 좋아하는 세속적인 여자다.
> {발음 tip} [메테리알]이 아니고 [머티어뤼얼]이에요!

respect [rispékt] 명 존경, 존중 동 존경하다, 경의를 표하다

You should always show some respect to your teachers.
선생님들께 항상 존경심을 보여야 한다.

> 동의어는 look up to: 존경하다.
> {표현 tip} in all respects: 모든 점에서, 많은 점에서

tip [típ] 명 끝자락, 조언, 정보 동 장식을 붙이다

Student : Please give me some tips about studying English well.
Teacher : First, memorize lots of words.
스티븐 : 제게 영어를 잘하기 위한 조언을 좀 주세요.
선생님 : 먼저 많은 단어를 외우렴.

discipline [dísəplin] 몡 원칙 통 훈련하다, 징계하다, 벌하다

Jason : David fought with Chris again at school.

Grace : Again? School should discipline them for fighting.

제이슨 : 학교에서 데이빗이 크리스와 또 싸웠대.

그레이스 : 또? 학교에서 싸운 것에 대해 걔네들을 징계해야 해.

교사는 잘 가르치는 것만큼이나 학생들을 discipline(벌주는 것)을 잘 해야지 유능한 교사겠죠? 부모도 마찬가지고요.

{발음 tip} [디써플린]이라고 해주세요~~〜w

instruct [instrʌkt] 통 지시하다, 가르치다, 알리다

My school instructs us not to play baseball on the playground.

우리 학교에는 운동장에서 야구를 못 하도록 지시한다.

instruct는 teach보다 좀 더 '공식적으로 가르치는' 행위를 의미해요. instructor는 teacher와 비슷한 의미이지만 대학이나 학원, 특정 훈련프로그램의 '강사'를 가리킬 때 주로 쓰인답니다.

lecture [léktʃər] 몡 강의, 설교 통 강의하다

Jill : Did you hear that there will be a special lecture of Bill Gates on campus?

Chris : That's new to me.

질 : 교내에서 빌 게이츠의 특강이 있을 거라는 소식 들었니?

크리스 : 처음 듣는 소린데.

lecturer는 '강의를 하러 온 강사'를 지칭하고 instructor와 비슷하게 보면 돼요.

method [méθəd] 몡 방법, 순서, 방식

School teachers should use different teaching methods for different ages.

학교 선생님들은 연령에 따라 다른 교수법을 사용해야 한다.

method는 방법을 뜻해요.

{표현 tip} without methods: 조건 없이, 순서 없이

scold [skóuld] ⑧ 꾸짖다, 야단치다

My mom scolded me for my carelessness.

우리 엄마는 내가 조심성이 없다고 야단치셨다.

과거-과거분사는 scolded-scolded

spoil [spóil] ⑧ 망치다, 썩히다, 못쓰게 되다

The sad news on TV spoiled my dinner.

TV에 나온 슬픈 뉴스를 듣고 저녁 입맛이 없어졌다.

'Spare your rod, and you will spoil your children.'(매를 아끼면 자녀를 망친다)라는 유명한 속담이 있죠.

{발음 tip} [스포일]보단 [스뽀이얼] 하고 발음하세용. ㅎㅎ

Nature

자연

1. 곤충, 동물

1 포유류

chimpanzee [tʃìmpænzí:] 몡 침팬지
In the zoo, chimpanzees act just like human beings.
동물원의 침팬지는 마치 사람처럼 행동한다.

> monkey도 gorilla도 chimpanzee랍니다.

donkey [dáŋki] 몡 당나귀, 바보
Sarah : What did Jesus Christ ride on when he entered Jerusalem?
Mark : He rode on a small donkey.
새라 : 예수 그리스도가 예루살렘으로 들어올 때, 무엇을 탔지?
마크 : 작은 당나귀를 타셨어.

> donkey를 사람에 비유하면 '멍청한 사람'을 의미해요. 또한 horse(말)와 donkey
> 사이에 태어난 동물을 mule([mjú:l] 노새)라고 하지요.

elephant [éləfənt] 몡 코끼리
Elephant is the biggest animal in the land animals.
코끼리는 육지 동물 중 가장 큰 동물이다.

> 인도의 신 'Ganesh'의 탄신일이 되면 동물원 코끼리들은 모두 신전으로
> 가서 신에게 경배를 드린대요.ㅋ

hare [hέər] 몡 산토끼
We can still see hares near snowy Taebaek mountain.
우리는 눈이 쌓인 태백산 근처에서 여전히 산토끼들을 볼 수 있다.

rabbit보다 크고, 뒷다리와 귀도 긴 '산토끼'를 hare라고 하죠. 그럼 '토끼와 거북이'를 영어로 하면? 'The Rally between a Hare and a Tortoise'에요.
{발음 tip} [hair]와 발음이 똑같습니당.^^

kangaroo [kæ̀ŋgərúː] 명 캥거루

A kangaroo puts her babies in the pouch on the stomach.
캥거루는 새끼들을 배 위에 있는 주머니에 넣어둔다.

Australia(호주)에 사는 동물이죠. 요즘에 다 큰 성인이 돼서도 결혼해서 출가하지 않고 부모 밑에서 사는 어른을 지칭해서 캥거루족이라고 해요.

koala [kouáːlə] 명 코알라

A koala looks like a small bear, and carries her baby on the back.
코알라는 작은 곰처럼 생겼고 자신의 새끼를 등에 업고 운반한다.

Australia를 대표하는 또 다른 동물 중 하나죠.

panda [pǽndə] 명 팬더곰

Pandas might be disappeared forever if we do not protect them.
우리가 보호하지 않으면, 팬더곰은 세상에서 영원히 사라지게 될 것이다.

rat [rǽt] 명 쥐

Rats are well-known for bringing the Black Death to people.
쥐는 사람에게 흑사병을 가져오는 것으로 알려져 있다.

mouse는 작고 귀여운, 실험실에서 볼 수 있는 그런 생쥐를 뜻하고, rat은 시궁창에 사는 징그러운 쥐를 떠올리면 돼요. 쥐들은 plague([pléig] 페스트)를 전염시키는 것으로 알려져 있으며 14세기 전 유럽에 무시무시한 the Black Death(흑사병)를 몰고 온 적이 있었죠.

rhino [ráinou] 명 무소, 코뿔소(= rhinoceros)

Rhinos in Africa have one horn or two horns on their nose.
아프리카에 있는 코뿔소는 코에 뿔이 하나 또는 두 개가 있다.

> 원래 공식 명칭은 rhinoceros[rainásərəs]
> {발음 tip} h는 묵음이라서 발음하지 않고 [라이노우]라고 하면 합격이에요!

tail [téil] 명 꼬리, 끝, 말단 동 뒤따르다

Ann : Your dog is wagging his tail at me. He probably likes me.
Sarah : He is friendly to anybody
앤 : 너희 개가 나를 보며 꼬리를 흔들고 있어. 나를 아마도 좋아하나봐.
새라 : 누구한테나 친근하게 대해.

> 동물도 tail이 있지만 비행기도 tail이 있다는 거. '꽁지부분, 끝부분'을 의미해요.

whale [hwéil] 명 고래

Greg : Do you know that a whale is not a fish?
Karen : Sure. It is not a fish but a mammal.
그렉 : 고래가 물고기가 아닌 거 알아?
캐런 : 물론이지. 물고기가 아니라 포유류잖아.

> 고래는 물고기 같지만 실제로는 포유류(mammal)죠. 신기한 포유류.^^
> {발음 tip} [웨이얼]이라고 해주세용~~

goat [góut] 명 염소, 악인

It is known that most goats are not friendly to other animals.
대부분의 염소들은 다른 동물들에게 친근하게 대하지 않는 것으로 알려져 있다.

> {단어 tip} the sheep and the goats: 선인과 악인

wild [wáild] 형 야생의, 난폭한, 거친

In Kenya, we can see lots of wild animals such as lions, and cheetahs.

케냐에선 사자와 치타 같은 많은 야생 동물들을 볼 수 있다.

> '야생동물'을 wild animals라고 하는데요. 일반적으로 자연과 관련해서는 '야생의'를 의미하지만, 날씨나 사람에 대해서는 '거친, 난폭한'을 의미해요.

cattle [kǽtl] 명 소 떼

Many nomads in Africa look for grass to feed their cattle.

아프리카의 많은 유목민들이 소떼를 먹이기 위해 풀을 찾는다.

> cattle은 소 떼, sheep은 양 떼, fish는 물고기 떼를 가리키는데요. 단어 자체에 여러 마리의 의미를 가지고 있으므로 복수취급해요.
> {발음 tip} [캐틀]도 괜찮지만 대부분의 원어민들은 [캐를]이라고 발음한답니다.

seal [síːl] 명 물개 동 봉인하다, 뚜껑을 덮다

I sealed up and sent my letter to my girl friend.

편지를 봉한 후 여자 친구에게 보냈다.

> 미국 학교에 성적증명서나 추천서를 보내려면 'officially sealed'해야 하는데 서류를 보내는 기관이 반드시 서류에 공식 사인을 해서 봉인하라는 뜻이에요.
> {발음 tip} 바늘의 영원한 동반자 [실]이 아니고, [씨이얼]입니당!!ㅋ

 조류

beak [bíːk] 명 새의 부리, 매부리 코, (주전자의) 주둥이

Some birds rub their beaks with their partners to show friendship.

몇몇 새들은 친근감을 보여주기 위해 그들의 파트너들과 부리를 비빈다.

> 새의 주둥이 부분 중에 부리에 대해서만 beak라고 부른답니다.

crow [króu] 명 까마귀, 못생긴 여자

Most Koreans believe that a crow brings bad news.

대부분의 한국인들은 까마귀가 사람들에게 나쁜 소식을 가져다 준다고 믿는다.

토속신앙과 관련이 깊은 새죠. 미국에서는 못생기고 고약한 성질을 가진 여성을 crow라고 표현해요.

ostrich [ɔ́(:)stritʃ] 명 타조

An ostrich has a long neck, and runs fast but never flies.

타조는 긴 목을 가지고 있고 빨리 달리지만 날지는 못한다.

{발음 tip} 발음하기 어려운 단어죠. [어스트뤼치]라고 한답니다. 연습 많이 하세요.

parrot [pǽrət] 명 앵무새, 남의 말 따라 하는 사람

My parrot used to say, "How are you?" to people.

우리집 앵무새는 사람들에게 '안녕하세요?' 라고 인사하곤 했다.

{표현 tip} play the parrot: 남의 말을 따라 하다

penguin [péŋgwin] 명 펭귄

Penguins live in the Antarctic and cannot fly but swim well.

남극에 사는 펭귄은 날 수는 없지만 수영을 잘한다.

swan [swǽn] 명 백조, 고니, 아름다운 사람

'Swan Lake' is one of the most famous ballets in the world, written by Tchaikovsky.

'백조의 호수' 는 차이코프스키가 만든 세계에서 가장 유명한 발레 중 하나다.

swan은 동사로 쓰면 '빈들거리면서 지내다, 멋 부리며 놀러 다닌다'의 뜻을 가지고 있어요.

wing [wíŋ] 명 날개, 비상

My favorite fried chicken part is a wing.

난 프라이드 치킨 부위 중 날개가 제일 좋더라구.

> 일반적으로 날개는 두 개니까 wings라고 쓰지요.
> {발음 tip} on wings: 발걸음도 가볍게, on the wing: 날고 있는, 비행 중

feather [féðər] 명 깃털

Birds of a feather flock together.

같은 깃털을 가진 새들은 함께 모인다. (유유상종)

> 조류의 몸에 있는 부드러운 털 부분을 feather라고 해요. 보통 깃털이 여러
> 개니까 feathers라고 하지만 같은 종류의 깃털은 a feather라고 하죠.

nest [nést] 명 새집, 둥지

Some birds build their nests inside a hole of a tree.

어떤 새들은 둥지를 나무 구멍 안에 짓는다.

> 새뿐만 아니라 곤충들의 집도 nest라고 해요.

3 - 파충류

tortoise [tɔ́:rtəs] 명 (육지, 민물에 사는) 거북

The tortoise finally won the race over hare.

거북이가 마침내 경주에서 토끼를 이겼다.

> turtle과 tortoise의 차이는 몸집의 크기와 사는 장소에 있죠. turtle은 몸집이 크고 바다에 살지
> 만, tortoise는 몸집이 turtle보다 작고 육지나 민물에 살아요.
> {발음 tip} [토토이즈]라고 하면 안 돼요. [토r터스]라고 길게 해주세요.

turtle [tə́:rtl] 명 거북이, 바다거북

Sea turtles visit the sea shore once in their life time
to lay eggs.

바다거북은 알 낳으러 전 생애에 걸쳐 딱 한 번 바닷가를 찾는다.

{발음 tip} [터틀]보다는 [터r틀]이 원어민에 가까워요.

dinosaur [dáinəsɔ̀:r] 명 공룡

Dinosaurs were suddenly disappeared because of a temperature change.

공룡은 기온의 변화로 인해 갑자기 사라졌다.

동물의 extinction([ikstíŋkʃən] 멸종)을 얘기할 때 빠지지 않고 나오는 dinosaur(다이노사우
르스)가 바로 공룡이죠.

4 곤충, 세균

bacterium [bæktíəriəm] 명 박테리아 (복수 bacteria)

John : I think I have food poisoning.

Brown: Food poisoning can be caused by bacteria in raw fish.

존 : 내가 식중독에 걸린 것 같아.

브라운: 식중독은 날 생선에 있는 박테리아 때문에 걸릴 수 있어.

보통 bacteria라고 많이 하는데, 주로 한 마리가 아니라 여러 마리가 같이 있기 때문일 거에
요. 복수 형태와 단수 형태를 혼동하기 쉽죠.

{발음 tip} 따라 해보세요. [백티어뤼엄] ～ㅎㅎ

flea [flí:] 명 벼룩, 하찮은 사람

Kids should not touch street dogs because they have fleas.

벼룩이 있기 때문에 아이들은 거리의 개들을 만지면 안 된다.

flea market(벼룩시장)을 들어본 적이 있나요? 우리나라의 재래식 시장처럼
길거리에 작은 좌판을 놓고 잠시 열리는 시장이죠.

ant [ǽnt] 몡 개미

Sally : Do you know ants are enemies of roaches?
Michael : Really? That's interesting.

샐리 : 너 개미가 바퀴벌레의 적인 거 아니?
마이클 : 정말? 흥미로운 걸.

'The ants and the grasshopper'(개미와 베짱이)라는 유명한 동화 들어본 적 있죠? 동화에서 ants는 부지런한 존재로, grasshopper는 게으른 캐릭터로 나오죠?
{발음 tip} 외숙모, 이모의 aunt와 똑같은 발음입니당.^^*

bee [bí:] 몡 꿀벌, 부지런한 사람

Ann : I am scared of bees because they can sting.
Steven : I like bees because they collect honey. I love eating honey.

앤 : 나는 벌이 쏠까봐 무서워.
스티븐 : 나는 벌들이 꿀을 모으니까 좋아. 난 꿀을 아주 좋아하거든.

honeybee라고도 불리고, 사람을 비유할 때는 '부지런한 사람'을 의미하죠.
wasp는 '말벌'을 가리켜요.

insect [ínsekt] 몡 벌레, 곤충, 소인

Grace : I don't like any insects.
Mark : I don't like either. Specially they are so terrible in summer.

그레이스 : 난 벌레는 다 싫어.
마크 : 나 역시 마찬가지야. 특히 여름에 정말 끔찍해.

다른 말로 bug라고도 하죠.

 5 어류

net [nét] 몡 그물, 망

If you cast a net in the lake, you will catch a lot of fish.
만일 네가 그 호수에 그물을 던진다면, 많은 물고기를 잡게 될 거야.

scale [skéil] 명 비늘, 저울, 범위

Fish are commonly covered with scales.
물고기는 보통 비늘로 덮여 있다.

복수형태의 scales는 '저울'이라고도 해요.
{발음 tip} [스케이얼] 강취!!

shell [ʃél] 명 조개껍데기, 껍질 동 껍질을 벗기다

I used to collect colorful sea shells on the beach.
나는 늘 다양한 색깔의 조개껍데기를 해변에서 모았다.

'조개껍데기'뿐만 아니라 '땅콩, 콩, 달걀껍질도 shell이라고 해요.

6 동물 관련 동사

chase [tʃéis] 동 뒤쫓다, 추격하다, 추구하다 명 추격, 사냥

John : Why are you running so hard?
Steven : Because a big dog is chasing me.
존 : 왜 그렇게 열심히 달리는 거야?
스티븐 : 큰 개가 나를 계속 뒤쫓고 있거든.

{표현 tip} in the chase of: ~을 뒤쫓아서

bite [báit] 동 물다, 물어뜯다, 물리다 명 한입

If you are bitten by a dog, you should go to a hospital quickly.
만약 개에 물리면 즉시 병원에 가야 한다.

동사변화는 bite-bit-bitten. 손톱을 물어뜯는 사람은? a nail-biter

hunt [hʌ́nt] 동 사냥하다, 추적하다 명 사냥, 추적

Sally : How much birds did you hunt today?
Gregg : Only two birds.
샐리 : 오늘 새를 몇 마리 사냥했어?
그렉 : 겨우 두 마리야.

동사변화는 hunt-hunted-hunted. 그럼 사냥꾼은? hunter 다 알죠?

endanger [endéindʒər] 동 위험에 빠뜨리다, 위태롭게 하다

We have to protect endangered animals from being killed.
우리는 멸종 위기의 동물들을 죽음으로부터 보호해야 한다.

en-(동사형 어미) ~하게 만들다 + danger 명 위험 = endanger 위험하게 만들다
{단어 tip} endangered animals: 멸종위기에 놓인 동물들

bark [bá:rk] 동 짖다, 고함치다 명 나무껍질

My neighbor's dog always barks every night.
우리 옆집 개는 항상 밤중에 짖는다.

사람도 bark라고 표현하면 '화가 나서 퍼부어대는' 것을 의미하는데요.
또한 '나무의 껍질'도 bark라고도 해요.^^

2. 식물

1 식물의 종류

azalea [əzéiljə] 몡 진달래

We will see a lot of pink azaleas on the street in spring.
봄이 되면 거리에서 분홍색 진달래를 많이 볼 것이다.

> {발음 tip} [어줴일러] 하고 연습해보세요. 발음이 어렵죠?

clover [klóuvər] 몡 클로버, 토끼풀

A four-leaf clover is known to bring good luck to people because of Napoleon.
네잎 클로버는 나폴레옹 때문에 사람들에게 행운을 가져다 주는 것으로 알려져 있다.

> 보통 clover는 세 잎 클로버인데, 나폴레옹이 전쟁 중에 네 잎 클로버를
> 발견하고 몸을 굽혀 따려다가 날아오는 총탄을 피해 살아남았다고 해요.
> 그 이후로 행운을 가져다 주는 상징물로 유래하게 되었어요. 재밌죠?
> {표현 tip} be in the clover: 호화롭게 살다

rose [róuz] 몡 장미

My father gifted me a bunch of red roses on my birthday.
우리 아빠가 내 생일날 한 다발의 장미를 선물해주셨다.

> Every rose has its thorn. 가시 없는 장미는 없다. 세상에 완벽한 행복은 없다.

tulip [tjúːlip] 몡 튤립

Toronto, in Canada holds 'Tulip Festival' every year.
캐나다 토론토에서는 매년 튤립 축제가 열린다.

weed [wíːd] 명 잡초 동 풀을 뽑다

Mother : Can you help me weed in our garden?
Grace : Sure, I can help you now.

엄마 : 정원에서 잡초 뽑는 것 좀 도와줄래?
그레이스 : 물론이죠. 지금 도와드릴게요.

> 미국 대학생들 사이에 weed는 '대마초'의 은어로도 잘 알려져 있죠.ㅋ

bush [búʃ] 명 관목, 덤불 동 우거지다

There are a lot of trees and bushes along the sidewalk on the street.

거리의 보도를 따라 나무와 덤불이 많이 있다.

> bush는 tree보다 키가 작고 가지가 많은 나무를 의미해요.
> {표현 tip} beat around the bush: (문제의 핵심보다는) 주변만 건드리다

turnip [tɘːrnip] 명 〈식물〉 순무 뿌리

Eunice : I have never seen such a big turnip in my life before.

유니스 : 난 살면서 저렇게 큰 순무는 본 적이 없어.

> radish(무)와 함께 기억해두세요~
> {발음 tip} 발음은 [터r닙] ~^^

 식물의 구성

bloom [blúːm] 명 개화, 전성기 동 (꽃이) 피다, 개화하다

Azaleas bloom between February and April in Korea.

한국의 진달래는 2월과 4월 사이에 꽃이 핀다.

> 관상용 식물의 꽃을 bloom이라고 하죠. 또 사람의 미모나 실력이 절정에 이르렀다고 묘사할
> 때 자주 씁니다.

blossom [blásəm] 몡 꽃, 만발 동 번성하다, 발전하다

David : What kind of flowers do you like?

Ann : I like apple blossoms best because they are small and white.

데이빗 : 넌 어떤 꽃을 좋아하니?

앤 : 나는 사과 꽃이 작고 하얀색이라서 가장 좋아해.

> bloom과 의미가 비슷한데요. 주로 '과일나무의 꽃'을 blossom이라고 하고, 동사로는 사람이 '전성기를 누리다'라는 뜻이에요.

root [rúːt] 몡 뿌리, 근원 동 뿌리박다, 정착하다, 찾아내다

We can eat some root crops such as potatoes and carrots.

우리는 감자나 당근 같은 뿌리 식물을 먹을 수 있다.

> 동사로 'root through' 하면 '~을 뒤져서 찾아내다'라는 의미로 쓰여요.
> {표현 tip} root and all: 뿌리째, 몽땅. root and branch: 완전히, 철저히

seed [síːd] 몡 씨, 종자, 열매, 자손

Eating grape seeds is good for our health.

포도 씨를 먹는 것은 몸에 좋다.

> seeds of doubts 하면 '의심의 씨앗' 즉, 의심의 시작을 말하죠.
> {표현 tip} the seed of Abraham: 아브라함의 자손

trunk [trʌ́ŋk] 몡 (코끼리의) 코, (나무의) 줄기, 팬츠

Greg : This tree has a really thick trunk.

Jason : It is probably more than 50 years old.

그렉 : 이 나무는 정말 두꺼운 나무줄기를 가지고 있어.

제이슨 : 아마도 50년 이상은 되었을 거야.

> 남자 속옷을 trunk pants라고 하는 것은 아마 코끼리의 코를 trunk라고 하는 데서 유래한 듯 싶어요. 사람의 신체에서 trunk는 '몸통'을 말하고, 식물에서 trunk는 가장 두꺼운 '줄기' 부분을 말하죠.

thorn [θɔ́ːrn] 몡 가시

A rose is a beautiful flower, but hides thorns under the flower.
장미는 아름다운 꽃이지만 그 꽃 아래에는 가시를 숨기고 있다.

> 일반적으로 rose bush(장미덩굴)이 thorns를 많이 가지고 있죠? 사람에게
> 쓰면 '문젯거리'를 뜻해요.
> {발음 tip} [쏘오r~언] 하고 길게 늘려보세요.

branch [bræntʃ] 몡 가지, 지점

There are hundreds of McDonald's branches in Korea.
한국에 수백 개의 맥도날드 지점이 있다.

> 어떤 회사나 정부 기관, 상점의 branch들은 본점 이외의 '지점 또는 분점'을
> 가리키죠.

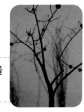

stem [stém] 몡 줄기 동 ~로부터 유래하다 (from), 막다

Many scientists are interested in stem cell research.
많은 과학자들이 줄기 세포 연구에 관심을 갖고 있다.

> 식물의 몸통 줄기를 trunk라고 한다면 그 외에 모든 줄기를 stem이라고 해요.

stick [stík] 몡 막대기, (떨어진) 나뭇가지 동 찌르다, 고정시키다

Poor children in Nepal collect dried sticks and sell them.
네팔의 가난한 아이들은 마른 나뭇가지들을 모아서 판다.

> branch가 나무에서 떨어지면 stick이 되죠. 이런 stick을 '지팡이'로 쓰기도 하고. 또 크리스마
> 스 사탕으로 알려진 줄무늬가 그려진 지팡이 모양의 사탕을 stick candy라고 한다네요. 갑자
> 기 츄파춥스가 생각나네. ㅋ

3. 자연과 지리

 평야

surface [sə́:rfis] 명 표면, 겉면

There are lots of rocks and cracks on the surface of the moon.
달 표면에는 많은 바위와 갈라진 틈들이 있다.

> 보이는 '겉모습, 외양, 껍데기'를 surface라고 해요.
> {표현 tip} licking the surface of a watermelon: 수박 겉핥기
> {발음 tip} [서페이스]가 아니고 [써r휘스]라고 해주면 감사하죠.

dig [díg] 동 땅을 파다, 탐구하다, 열중하다

Sarah : Why are you digging dirts?
Stephen : I want to plant some bean and vegetable seeds.
새라 : 왜 땅을 파고 있는 거니?
스티븐 : 콩이랑 채소 씨를 심으려고.

> 동사변화 dig-dug-dug

desert [dézə:rt] 명 사막 동 저버리다

Las Vegas is a big city built in the Nevada desert.
라스베가스는 네바다 사막 위에 세워진 큰 도시다.

> 강세가 앞에 있냐 뒤에 있냐에 따라 단어의 뜻이 완전히 달라지는 것에
> 유의해야 해요. 비슷한 단어로 dessert는 식후에 먹는 '디저트'.
> {발음 tip} [데저트] 하면 사막이라는 뜻으로 쓰이고, [디저r트] 하면
> '저버리다' 라는 뜻이 된답니다.

crack [kræk] ⑧ 갈라지다, 금이 가다 ⑲ 갈라진 틈

The cracking sounds of iceberg on the mountain scares climbers.

산에서 빙벽이 갈라지는 소리에 등산객들은 겁을 먹었다.

> '갈라지는 소리'나 '갈라진 틈' 자체를 crack이라고 해요. 여기서 cracker라는 단어가 나왔는
> 데 과자를 먹을 때 갈라지는 소리가 나서 붙여진 이름이에요.

field [fíːld] ⑲ 들, 벌판, 밭

Eugene : Have you been to the green tea fields in Korea?
Mark : No. I want to go there.

유진 : 한국의 녹차 밭에 가본 적이 있니?
마크 : 아니. 가보고 싶어.

> '축구장'을 soccer field, '하키장'을 hockey field라고
> 하는데요. 또, 농사지을 때 곡식이나 채소를 심는 '밭'을
> field라고 해요. 그럼 '논'은 뭐라고 하죠? 그야 rice field죠.^^
> {발음 tip} [필드]가 아니고 [휘얼드]라고 길게 천천히 해보세요.

flow [flóu] ⑲ 흐름, 유동 ⑧ 흐르다, 순환하다

Michael : Do you know where the Colorado river flows down?
Jennifer : Maybe into the Pacific ocean.

마이클 : 너는 이 콜로라도 강이 어디로 흘러 내려가는지 아니?
제니퍼 : 아마도 태평양으로 가겠지.

> 강물이나 액체, 전기 따위의 계속적인 흐름을 나타내는 동사에요.

flood [flʌ́d] ⑲ 홍수 ⑧ 범람하다, 쏟아지다

Many people were killed by floods in Bangladesh last year.

작년에 방글라데시에서 홍수로 많은 사람들이 죽었다.

> 물이 범람해서 일어나는 자연재해(natural disaster) 중 하나죠.
> {단어 tip} ebb and flood: 썰물과 밀물

edge [édʒ] 몡 가장자리, 날 끝, 테두리

Ann : A woman is standing on the edge of the building top over there.
Martyn : We'd better call the police.

앤 : 저기 어떤 여자가 빌딩 옥상 가장자리에 서 있어.
마틴 : 경찰을 불러야겠어.

사물이나 장소의 '가장자리, 테두리'를 edge라고 해요. 사람의 신경이 곤두서 있
으면 My nerves are on the edge.라고 하죠.
{표현 tip} on edge: 초조하여, on the edge of: ~가장자리에, 막 ~하려는 찰나에

even [í:vən] 뫼 심지어 혱 공평한, 평평한 몡 짝수

My dog never bites, even at a stranger.

우리 집 개는 심지어 낯선 사람이라도 물지 않는다.

형용사로 여러 의미가 있으나 odd(홀수)의 반대 의미인 '짝수'의 뜻으로도 많이 쓰인다는 걸 꼭
기억해두세요.

flat [flǽt] 혱 편평한, 납작한, 김빠진

A long time ago, some people believed that the Earth was flat.

오래 전에 어떤 사람들은 지구가 편평하다고 믿었다.

가로로 납작하고 편평한 상태를 flat이라고 해요.
{표현 tip} He threw himself flat. 그는 납작하게 엎드렸다.

ground [gráund] 몡 지면, 땅, 기초, 근거

Jason : This building seems to be shaking on the ground.
Grace : Is it an earthquake?

제이슨 : 이 건물이 땅에서 흔들리는 것 같아.
그레이스 : 지진인가?

일반적으로 땅을 ground라고 하는데, 운동장은 아이들이 play하는
곳이라 하여 playground라고 하죠.

plain [pléin] 명 평야 형 평평한, 솔직한, 평범한

My girlfriend looks just plain.

내 여자 친구는 그냥 평범하게 생겼다.

mud [mʌd] 명 진흙, 시시한 것

John : Try to massage your face with mud, your skin will be smoother.

Tracy : Really? I will do it right now.

존 : 진흙으로 얼굴을 마사지 해봐. 피부가 더 부드러워질 거야.

트레이시 : 정말? 당장 해봐야지.

집에서 엄마가 하시는 머드팩이라고 들어 봤죠? 그게 바로 진흙 팩이죠. ㅋ

horizon [həráizən] 명 지평선, 수평선

Ann : Look at the horizon! The sun is setting now.

Brian : Looks cool~

앤 : 저 지평선을 좀 봐! 해가 지금 지고 있어.

브라이언 : 멋지다.

형용사 horizontal([hɔ̀:rəzántl])은 '가로의' '수평의'를 의미하고, 반대말로는 vertical ([hɔ̀:rəzántl] 수직의, 세로의)가 있어요.

{발음 tip} [호롸이즌]이라고 발음해주세요~~

pile [páil] 명 쌓아올린 더미 동 쌓아올리다

My brother piled up lots of books on my desk.

내 동생은 내 책상 위에 책을 많이 쌓아놓았다.

{표현 tip} pile in: 채워놓다

soil [sɔ́il] 몡 흙, 토지, 경작지

Mike : In red soil, you should plant sweet potatoes.
Winnie : That's a good idea!

마이크 : 빨간 흙에는 고구마를 심는 게 좋아.
위니 : 좋은 생각이야.

> {발음 tip} [소일]이 아니고, [쏘이얼] 하고 강하게 발음해주세요!

narrow [nǽrou] 혱 폭이 좁은 동 좁히다, 가늘게 하다

The road around my house is too narrow.

우리 집 주위의 길은 너무 좁다.

> 두 개 사이의 distance(거리)가 '좁은' 것을 narrow라고 하고, 뭔가 잘 안 보여서 물체에 '가까이 대는 행위'를 narrow한다고 해요.

2 바다

shallow [ʃǽlou] 혱 깊이가 얕은, 천박한

Because kids don't swim well, they should play only in the shallow water.

아이들은 수영을 잘 못하기 때문에, 얕은 물에서만 놀아야 한다.

> 2001년도에 'Shallow Hal'(내겐 너무 가벼운 그녀)란 코미디 영화가 있었는데, 여기서 쓰인 shallow란 '천박하고 생각이 얕은 사람'이라는 의미에요.

island [áilənd] 몡 섬, 고립된 곳

Jill : What is the biggest island in the world?
John : It is Greenland in the north of Canada.

질 : 세계에서 가장 큰 섬이 뭐지?
존 : 캐나다 북쪽에 있는 그린란드야.

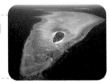

> 사면이 바다로 둘러싸여야 섬이라고 할 수 있죠. 하지만 Australia는 너무 커서 대륙이기 때문에 가장 큰 섬은 Greenland라네요.
> {발음 tip} [아일런드]라고 s발음은 생략하면 됩니당~

ocean [óuʃən] 명 대양, 큰 바다

There are beautiful ocean and beaches in Hawaii.
하와이엔 아름다운 바다와 해변들이 있다.

> 작은 바다를 sea라고 한다면 큰 바다를 ocean이라고 하죠. 전 세계에는 5대양이 있는데, the Pacific Ocean(태평양), the Atlantic Ocean(대서양), the Indian Ocean(인도양), the Southern Ocean(남극양), the Arctic Ocean(북극양)이에요.

tide [táid] 명 조류, 조수간만, 경향, 풍조

The tide rises and falls in the sea.
조수에는 간만이 있다.

> 해안선에서 물결이 들어오고 나가는 규칙적인 변화를 tide라고 해요.

bay [béi] 명 만, (3면이 바다로 둘러싸인) 평지

Sandy : My uncle went fishing in San Francisco bay area.
Michael : My daddy likes fishing, too.
샌디 : 우리 삼촌은 샌프란시스코 만 지역으로 낚시하러 가셨어.
마이클 : 우리 아빠도 낚시하는 거 좋아하셔.

> gulf는 bay와 같은 뜻이지만 The Gulf는 주로 큰 것을, bay는 더 작은 '만'을 의미해요.

coast [kóust] 명 해안, 연안

Around the gulf coast, many countries are about to start a war.
걸프 해안 지역 주변에 많은 국가들이 전쟁을 막 시작하려고 한다.

> shore보다는 넓은 개념으로 이해하면 되겠네요. 땅(land)은 땅인데 바다 옆에 위치한 지역을 모두 coast라고 해요.
> {표현 tip} from coast to coast: 연안에서 연안까지, 전국 방방곳곳
> {발음 tip} [코스트]라고 하면 cost가 되니까 [코우스트]라고 깊게 발음해줘야 해요. ㅎㅎ

port [pɔ́ːrt] 몡 항구, 무역항, 피난처

There is a big fish market in the port area in Seattle.
시애틀 항구 지역에 커다란 생선 시장이 있다.

> 보통 항구 도시를 port라고 해요. 미국의 도시 이름 중에 port가 들어간 도시가 있는데 과거에 유명한 '항구도시'였을 확률이 높아요. 예) portland: 미국 Maine 주의 항구도시

sand [sǽnd] 몡 모래, 모래벌판 통 모래를 뿌리다

Chris goes out to the beach and walks on the sand with fresh air.
크리스는 바닷가에 나가 상큼한 공기를 마시며 모래 위를 산책한다.

> sand를 동사로 쓰면 '나무를 사포질해서 부드럽게 만들다'를 의미해요.

still [stíl] 恩 여전히, 아직도 혱 고요한, 정지한

The night in the countryside is very still.
시골에서의 밤은 매우 적막하다.

> 형용사나 부사로 모두 흔하게 쓰여요.
> {발음 tip} [스틸]이 아니고 [스띠이얼] 하고 발음해주면 pass~

seashore [síːʃɔ́ːr] 몡 해안, 해변, 바닷가

My grandmother goes out to the seashore to pick up seashells.
우리 할머니는 바닷가에 조개껍질을 주우러 나가신다.

> sea 몡 바다 + shore 몡 물가 = seashore. 바닷가 모래밭이 beach 라면 seashore는 땅이 바다와 접하는 부분을 가리키는 거에요.

wave [wéiv] 몡 물결, 파도, 손 흔들기 통 물결이 일다, 파도치다

Tsunami is a huge wave which crashes into people and houses.
쓰나미는 사람들과 집을 공격하는 매우 위험한 파도다.

> 손을 흔드는 것뿐만 아니라 물건을 흔드는 것을 모두 wave로 표현하죠.

3 산

shade [ʃéid] 명 그늘, 음지, 차양 동 그늘을 만들다
Pines in our house makes great shade for us.
우리집에 있는 소나무는 우리에게 좋은 그늘을 만들어준다.

> shade는 '그늘' 또는 '그늘을 만들다'를 의미해요.
> {표현 tip} remain in the shade: 은둔하다

fall [fɔ́:l] 동 떨어지다, 타락하다, 넘어지다 명 가을, 폭포
Niagara Falls look more beautiful in Canada than in America.
나이아가라 폭포는 미국에서보다 캐나다에서 더 아름답게 보인다.

> 동사변화는 fall-fell-fallen

hole [hóul] 명 구멍, 굴, 웅덩이 동 구덩이를 파다
We have to look out for snakes in the holes on a mountain.
산속의 웅덩이 속에 있는 뱀들을 조심해야 한다.

> hole은 '구멍'인데 golf에서는 '골프 코스'를 의미하죠. 사람에게 hole이 있다면 '약점'을 말하
> 는 것이고 동물에게 hole은 '동굴'을 의미해요.

stream [strí:m] 명 개울, 시내, 흐름
Threre are many streams in a big mountain.
큰 산에는 여러 개의 개울이 있다.

> river보다 작은 물의 흐름을 stream이라고 해요. 산속의 시냇물 정도로 생각하면 될 거에요.
> 거기서 '흐름'이라는 뜻이 나왔지요.

landscape [lǽndskèip] 명 풍경, 경치
Landscape of Namsan Tower is fantastic!
남산타워의 경치는 환상적이야!

scenery와 바꿔 쓸 수 있어요.

{표현 tip} a landscape painting 풍경화

volcano [vɑlkéinou] 몡 화산, 분화구

I wonder why volcanoes erupt.

난 화산이 분출하는 이유가 궁금하다.

산 중에서도 지하 용암(lava)의 활동이 있었거나 흔적이 남아 있는 산을 volcano라고 해요. 한
국에서 volcano로는 백두산과 한라산이 있지요.

{발음 tip} 가끔 [볼카노]라고 발음하는 학생들이 있던데 [벌케이노우]라고 한답니다.

well [wél] 몡 우물, 샘 부 잘, 완전히 형 건강한

Some people still takes water from a well with a hand pump.

아직도 손 펌프로 우물에서 물을 끌어 오는 사람들이 있다.

형용사 well의 비교급은? well-better-best

forest [fɔ́(:)rist] 몡 숲, 삼림

It is easy to get lost for us in a forest.

우린 숲속에서 길을 잃기가 쉽다.

나무가 빽빽이 모여 있는 곳을 forest라고 해요. 서양에서는 forest가 fairy tale(요정이야기)에
단골로 등장하는 단어랍니다.

grand [grǽnd] 형 웅장한, 위엄 있는

Karen : Look at these grand mountains.

Kyle : Yes, they are beautiful!

캐런 : 이 웅장한 산들을 좀 봐!

카일 : 그래, 아름답다.

Grand Slam이라고 하면 큰 대회의 우승이나 만루 홈런을 뜻해요. 또 grandeur(그랜저) 승용
차 알죠? 이 단어에서 나온 명사랍니다.^^*

height [háit] 몡 높이, 고도, 해발, 신장

My friend's height is much higher than others'.

내 친구의 키는 다른 애들보다 훨씬 크다.

> high(높은)의 명사형이 height죠.
>
> {표현 tip} at the height of~: ~의 고도에서

slope [slóup] 몡 경사면, 비탈 됭 비탈지다, 경사지다

My grandfather lives in low slopes of the high mountain.

우리 할아버지는 높은 산의 낮은 비탈에 살고 계셔.

> 스키장에 있는 슬러프가 바로 이 slope예요. 알죠?

valley [væli] 몡 골짜기, 계곡

Many streams start from the dark valley in the Rocky Mountains.

많은 시냇물이 록키산맥의 어두운 골짜기로부터 시작된다.

> 산이 있으면 valley도 있는 법. 보통 인생의 어두운 부분을 valley에 비유하곤 해요.
>
> {발음 tip} [발리]가 아니고 [뵐리]라고 b발음이 아닌 v발음으로 해야 해요.

mountain [máuntən] 몡 산, 산맥

Sometimes my father and I go to mountain Dobong for a hiking.

우리 아버지와 나는 가끔 도봉산을 오른다.

> 줄여서 mount, 또는 Mt.라고 하죠.
>
> {표현 tip} mountain high: 산더미같이

steep [stí:p] 몒 경사가 가파른, 과장된 됭 적시다

Some hills in San Francisco are really steep.

샌프란시스코에 있는 몇 개 언덕은 정말로 가파릅니다.

> steep는 그래프 상에서 나타나는 그런 경사를 얘기해요.

underground [ʌ́ndərgràund] 형 지하의 명 지하, 지하실

Some people are afraid of subway trains because trains go in the underground.

어떤 사람들은 열차가 땅속으로 다니기 때문에 지하철을 두려워한다.

> under 전 ~아래에 + ground 명 땅 = underground 지하. 영어에서 the underground people은 '반사회적인 또는 반체제모임'을 의미한답니다. 지하실도 an underground 또는 a basement라는 단어를 사용하죠.

coal [kóul] 명 석탄, 숯, 장작

Most people prefer using gas rather than coals.

대부분의 사람들이 석탄보다 가스 사용을 더 선호한다.

> 석탄의 사용이 요새 현저히 줄어든 이유는 대부분의 사람들이 natural gas나 gasoline으로 난방을 하기 때문이죠.
>
> {발음 tip} 설마 [코알]이라고 하진 않겠죠? [코으얼]이 맞아요.

fuel [fjú:əl] 명 석유, 연료 동 주유하다

My car is running out of fuel.

내 차의 연료가 떨어져 가고 있다.

> 미국의 gas station(주유소)에 가면 우리나라처럼 주유원이 달려오지 않아요. 자신의 credit card(신용카드)나 debit card(직불카드)를 주유기에 긁고 직접 주유를 해야 해요.
>
> {발음 tip} [f퓨우얼]이라고 따라 해보세요~

gasoline(gas) [gæ̀səlí:n] 명 석유, 휘발유

Gasoline price has been increased every year.

석유 가격이 매년 오르고 있다.

> gas는 '공기 이외의 기체물질'을 말하지만 미국에서 석유를 gas(gasoline)라고 하는 게 보편적이에요.

resource [rí:sɔ:rs] 몡 자원, 수단, 공급원

Wendy : There are a lot of natural resources in Canada.
Mike : They are very blessed!

웬디 : 캐나다에는 천연 자원이 많이 있어.
마이크 : 그들은 축복받았구나!

> 사용할 수 있는 '인적, 물적 자원'을 다 resource라고 해요.

---

5 환경

carton [ká:rtən] 몡 종이 팩, 판지 상자

My mom drinks a carton of milk every day in the morning.
우리 엄마는 매일 아침 우유 한 팩을 드신다.

> 우유 한 팩을 영어로 하면? a carton of milk죠. 그럼 우유 한 잔은? a glass of
> milk입니당. a cup of milk가 아니에요!!
> {발음 tip} [칼톤]이 아니고 [카r은] 하고 코로 소리를 내뿜으세요.

collect [kəlékt] 동 모으다, 수집하다, 손에 넣다

To protect our environment, we should collect paper and empty bottles
separately.
환경을 보호하기 위해 종이와 빈 병을 따로 모아야 한다.

> collecting stamps(우표수집), collecting postcards(엽서수집) 등은 사람들에게 쉽게
> hobby(취미)가 되죠. 하지만 garbage(쓰레기)를 collect하는 것도 환경보호를 위해 중요한 일
> 이에요.

environment [inváiərənmənt] 몡 주위, 환경

These days, environment issues are popular for a writing test topic.
요즘은 환경 문제들이 작문시험 주제로 인기가 있다.

> 환경 이슈는 global warming(지구온난화) 같은 문장에 종종 등장하니까 꼭 읽어두는 것이 좋
> 아요.

power [páuər] 명 동력, 힘, 능력, 권력

Greg : Do you know where this water comes from?

Tracy : This water comes from the power plant near here.

그렉 : 이 물이 어디에서 오는지 아니?

트레이시 : 이 근처에 있는 발전소에서 나오는 거야.

> a power plant는 동력을 만들어내는 '공장'이나 '발전소'를 의미해요.
>
> {표현 tip} come into power: 정권을 잡다

recycle [ri:sáikəl] 동 재활용하다, 재순환시키다, 개조하다

If we recycle all kinds of paper, we can save many forests.

우리가 모든 종류의 종이를 재활용한다면 많은 숲을 구할 수 있다.

> re- 다시- + cycle 순환시키다 = recycle 재활용하다
>
> {단어 tip} a recycled paper: 재생지, a recycled soap: 재생비누

ruin [rú:in] 동 망치다, 타락시키다 명 폐허, 유적

Many factories in the cities ruin our environment.

도심지의 많은 공장들이 우리의 환경을 망치고 있다.

> ruin의 복수형 ruins는 '폐허, 손해'를 의미해요.
>
> {단어 tip} the ruins of ancient Greece: 고대 그리스 유적

pollution [pəlú:ʃən] 명 오염

Many research reports warn the dangers of water pollution in Korea.

많은 연구자료들이 한국에 수질오염의 위험성을 경고하고 있다.

> air pollution(대기오염), water pollution(수질오염), noise pollution(소음오염), environmental pollution(환경오염). 다 외워두면 똑똑해져요!

brighten [bráitn] 동 빛나게 하다, 밝아지다, ~을 반짝이게 하다

My little dog brightens up our family.

우리집 강아지는 우리 가족 분위기를 밝게 만든다.

> bright 형 밝은 + -en(동사형 어미) ~하게 하다 = 밝아지다
>
> {발음 tip} [브롸잇~은] 하고 발음해보세요^^

crash [kráʃ] 명 충돌, 추락 동 부서지다, 충돌하다, 추락하다

My father's car crashed into a dump truck.

우리 아버지 차가 덤프트럭과 충돌했다.

> crash는 '자동차(비행기)가 부딪쳐서 나는 사고' 또는 '부딪치다'를 의미해요. 영자신문 사회면
> 에서 메인 기사로 많이 볼 수 있죠.

dark [dá:rk] 형 어두운, 깜깜한 명 어둠, 암흑

Mom : Don't go outside after dark.

Son : But I have to go to Jane's house to do my science
      homework tonight.

엄마 : 어두워진 후에는 밖에 나가지 마라.

아들 : 하지만 오늘밤 과학 숙제를 하러 제인 집에 가야 해요.

> dark의 명사형은 darkness. 주로 어두운 밤이나 장소 등을 설명할 때 dark라고 해요.

drop [dráp] 동 떨어지다, 떨어뜨리다 명 방울

My eyes are burning. I need an eye drop right now.

눈이 따가워 죽겠어. 당장 안약이 필요해.

> 액체는 공기 중에서 중력 때문에 아래로 떨어지니까, 떨어지는 '방울'을 drop이라고 해요. '안
> 약 같은 것도 아래로 떨어뜨려 눈에 넣기 때문에 an eye drop이라고 하죠. 몰랐죠?ㅋ

7 날씨

cloudy [kláudi] ⟨형⟩ 구름 낀, 흐릿한, 기분이 언짢은

Ann : It is cloudy now. It seems like it will rain tonight.

Steve : Again?

앤 : 지금 날씨가 흐리네. 오늘밤 비가 올 것 같아.

스티브 : 또?

> 비교급과 최상급은 cloudier-cloudiest

heavy [hévi] ⟨형⟩ 무거운, 대량의, 가혹한

I am all wet in my body because of a heavy rain.

폭우가 와서 내 옷이 흠뻑 젖었다.

> heavy rain(폭우), heavy snow(폭설), heavy wind(강한 바람). 비가 많이 온다고 할 때, It rains heavily.라고 하면 되죠.
>
> {표현 tip} I had a heavy meal. 나 너무 많이 먹었나봐.

climate [kláimit] ⟨명⟩ 기후, 풍토, 분위기

Today, the climate change of Korea has become seriously.

요즘 한국의 기후 변화가 심각해지고 있다.

> 특정 지역의 일반적인 날씨 상태를 가리키는 '기후'뿐만 아니라 '어떤 시대나 지역의 풍조, 상황, 분위기'를 의미할 때도 climate이라고 하지요. weather(날씨)과 쓰임새가 다르답니다.
>
> 예) economic climate: 경제 상황

damp [dǽmp] ⟨형⟩ 축축한 ⟨명⟩ 습기

Sarah: Your hair is still damp. Dry your hair quickly.

Michael : I will.

새라 : 너 머리가 여전히 축축하네. 빨리 말려라.

마이클 : 응, 그럴 거야.

> 물걸레를 짜고 난 후처럼 습기가 약간 있는 상태를 damp라고 해요.

temperature [témpərətʃər] 명 온도, 체온

Our body temperature is 36.5 degree.
우리 몸의 체온은 36.5도다.

{발음 tip} [템퍼레추어] 하면 슬퍼져요. [템퍼r춰r]라고 해주세요.^^

degree [digríː] 명 ~도, 학위, 정도, 등급, 계급

My uncle got a doctor's degree in the US.
우리 삼촌은 미국에서 박사학위를 받았다.

degree는 온도에서 '몇 도'를 말하며, 미국에서는 ℉(fahrenheit[fǽrənhàit] 화씨), 한국에서
는 ℃(celsius[sélsiəs] 섭씨)를 써요. 그리고 학위를 가리키는 말이기도 해요.
{단어 tip} bachelor's degree: 학사학위, master's degree: 석사학위, doctor's degree:
박사학위

dry [drái] 형 건조한, 목마른 동 말리다 명 가뭄, 건조

Texas' weather is so hot and dry in the summer.
텍사스의 날씨는 여름에 매우 덥고 건조하다.

반대말은 wet([wet] 젖은, 습기 찬).
{표현 tip} I dried myself after a shower. 나는 샤워 후에 몸의 물기를 닦았다.

predict [pridíkt] 동 예보하다, 예측하다 명 예측

We cannot predict what will happen to us in the future.
우리는 미래에 무슨 일이 일어날지 예측할 수 없다.

'예언한다'고 하는 것을 predict라고 하는데요. 점쟁이가 예언을 해도 predict고, 기상예보관이
예보를 해도 predict가 돼요.

shower [ʃáuər] 명 소나기, 샤워 동 소나기가 오다, 샤워를 하다

I was caught in the shower on the street last night.
난 어젯밤에 길에서 소나기를 만났다.

thunder [θʌ́ndər] 명 천둥, 우레 동 천둥치다, 비난하다

My little dog is scared of the sound of thunder.

우리 집 강아지는 천둥소리를 무서워한다.

천둥번개는 thunder and lightning[láitniŋ] 이죠. ㅎㅎ

atmosphere [ǽtməsfìər] 명 대기, 분위기, 주위 환경

Our class' atmosphere is not good because our teacher is angry now.

지금 선생님이 화가 나셔서 우리 반 분위기가 좋지 않다.

보통 지구상의 '대기'를 atmosphere라고 하지만 사람이 모인 곳의 분위기를 묘사할 때 이 단어를 많이 써요.

{발음 tip} [에트모스피어]라고 나열하지 말고 [앹머스휘어r]라고 세련되게 해주세요~~ᄊ

---

8 자연 관련

disaster [dizǽstər] 명 재난, 재해, 대참사

If a natural disaster like a hurricane happens, human beings can do nothing.

만일 허리케인 같은 자연 재해가 발생하면, 인류가 할 수 있는 것은 아무것도 없다.

인명이나 재산이 손실된 '참사, 재난'을 disaster라고 하죠.

{표현 tip} natural disasters: 천재, a man-made disaster: 인재

west [wést] 명 서쪽, 서부 지방

The sun rises in the east and sets in the west.

해는 동쪽에서 뜨고 서쪽에서 진다.

동서남북 다 알죠?

{단어 tip} 동(the east), 서(the west), 남(the south), 북(the north)

nature [néitʃər] 몡 자연, 천성, 본질, 기질

Grace : We have to preserve our nature .

Steven : I think we should not cut down trees and recycle our trash.

그레이스 : 우리는 자연을 보호해야 해.

스티븐 : 나무를 베지 말고 쓰레기를 재활용해야 할 것 같아.

> "Preserve our nature!" 또는 "Protect our nature!"는 자연보호 campaign(캠페인)에서 종종 보는 slogan(표어)이죠. 또한 사람의 본성도 nature라고 해요.

scenery [síːnəri] 몡 풍경, 경치, 무대 장치

Jason : Let's go and watch the beautiful scenery of the Silk Beach.

Eunice : Sure. I love it.

제이슨 : 같이 실크 해변에 가서 경치를 보자.

유니스 : 물론이지. 난 좋아.

> 보통 주변의 '자연경관'을 the scenery라고 하죠. 하지만 연극 공연장(the-atre)에서 의미하는 the scenery는 '무대 배경'을 뜻해요.

agriculture [ǽgrikʌltʃər] 몡 농업, 농학, 농사

Young Korean students are not interested in agriculture these days.

요즘 젊은 한국 학생들은 농업에 관심이 없다.

> {단어 tip} the ministry of agriculture and forestry: 농림부

dust [dʌ́st] 몡 먼지, 가루, 흙먼지 동 먼지를 털다

Mom : I can see a thick layer of dust on your desk. Please clean up!

엄마 : 네 책상 위에 두껍게 쌓인 먼지가 보이는구나. 제발 청소 좀 해라.

> 영국에선 쓰레기통을 a dust bin이라고 하는데요, 미국에선 a trash can이 보편적이죠. 동사로 쓰면 '먼지를 닦아내다'라는 뜻이에요.

Technology

첨단과학

1. 우주, 과학

 우주

astronaut [ǽstrənɔ̀ːt] 몡 우주 비행사

Lee So-yeon became the first astronaut in Korea after intense competition.
극심한 경쟁을 뚫고 이소연 씨는 한국에서 첫 번째 우주 비행사가 되었다.

> astro- 별의, 우주의 + naut(명사형 어미) ~하는 사람 = astronaut 우
> 주 비행사
> {발음 tip} 발음하기가 쉽지 않은 단어인데요, [애스추뤄넛]이라고 하면
> 사운드 좋아요~ㅎㅎ

space [spéis] 몡 우주, 공간, 빈자리

My room is too small that I have no space to put things on.
내 방은 너무 작아서 물건을 올려놓을 자리가 없어.

> universe(은하계)에서 우주공간을 space라고 해요. 또 다른 의미로는 '특정 공간'이나 '빈 장
> 소'라는 의미가 있답니다.

creature [kríːtʃər] 몡 생명체, 창조물

Jason : Do you think there are other creatures in the universe?
Ann : I don't think so.
제이슨 : 우주에 또 다른 생명체가 있다고 생각해?
앤 : 난 없다고 보는데.

> 동사 create([kriéit] 창조하다, 만들다)의 명사형이죠. creator는 '창조자, 조물주'를 의미해요.
> {발음 tip} creature는 [크뤼이처r]이고 creator는 [크뤼에이처r]라고 해야 구분된답니다.

galaxy [gǽləksi] 몡 은하계, 성운
The solar system belongs to the galaxy.
태양계는 은하계에 속해 있다.

> galaxy는 멀리 떨어져 있는 '성운, 다른 은하계'를 의미해요.

globe [glóub] 몡 지구, 천체, 지구본

On the globe, 30% of children cannot go to school because of the poverty.
지구상의 30%의 아이들이 가난 때문에 학교에 가지 못한다.

> ball 모양의 '구체'를 globe라고 하는데 '지구본'도 globe죠. 따라서 '지구'를 the globe라고 해요. 장갑을 뜻하는 glove와 약간 발음이 달라요.

rise [ráiz] 동 일어나다, 뜨다, 솟아오르다

The sun rises in the east.
해는 동쪽에서 뜬다.

> 사람이 '자고 일어나는' 것이나, 해가 '떠오르는' 것도 rise죠. 그래서 '해가 뜨는 것'을 sunrise 라고 한답니다. 동사변화 rise-rose-risen
> {표현 tip} Rise and shine! 해가 중천에 떴어, 기상!

set [sét] 동 놓다, 두다, 배치하다 혱 고정된 몡 한 벌

The sun sets in the west.
해는 서쪽으로 진다.

> 보통 하나의 묶음을 a set이라고 하죠. 또한 어떤 장소에 물건이나 사람을 '놓거나 배치하는' 것을 set라고 해요. 그리고 sunrise의 반대는 sunset이죠.
> 동사변화는 set-set-set.

universe [júːnəvə̀ːrs] 몡 우주, 은하계, 온 세상
The universe is infinite.
우주는 무한하다.

우리가 사는 세계와 은하계(galaxy), 우주(space)를 포함한 전 은하계를 the universe라고 해요.

2 에너지

electric [iléktrik] 혱 전기의, 발전의

These days, many automobile companies are interested in electric cars.
요즘 많은 자동차 회사들이 전기 자동차에 관심을 가진다.

> 명사형은 electricity 전기
> {발음 tip} [일렉트릭]보단 [일렉추릭]이 원어민 발음에 가깝죠.

energy [énərdʒi] 몡 힘, 정력, 활력, 활동력

We will have an energy crisis in the near future.
우리는 가까운 미래에 에너지 위기를 맞게 될 것이다.

wire [wáiər] 몡 철사, 전보 통 전송하다, 송금하다

I will wire you your money to your bank account.
돈을 네 은행 계좌로 송금해줄게.

> wireless Internet(무선 인터넷)이 요즘 들어 대세죠? 그 예로 WIBRO(와이브로)는 무선 인터넷을 일상생활에 도입하는 시스템으로 유명한 회사죠.

switch [swítʃ] 몡 스위치 통 스위치를 켜다, 바꾸다, 돌리다

China is switching to a market economy recently.
중국이 최근에 시장경제로 바뀌고 있다.

> switch on은 '불을 켜다'(turn on), switch off는 '불을 끄다'(turn off)를 의미하죠.
> {표현 tip} Let's switch the seat. 우리 자리 바꾸자.

electronic [ilèktránik] 형 전자(공학)의

Steven : What do you study in your college?

Grace : I study electronic engineering.

스티븐 : 너 대학에서 무엇을 공부하니?

그레이스 : 전자공학을 공부해.

> engineering(공학) 분야에서 모바일 폰, 무선 인터넷 같은 최첨단 기술과 관련된 공학을
> electronic engineering이라고 하죠. electric과 쓰임이 달라요.

element [éləmənt] 명 구성 요소, 성분

Pure gold is made up of one element.

순금은 하나의 원소로 구성돼 있다.

> 보통 element는 전체를 구성하는 성분이나 요소를 의미해요. 1997년도에
> 부르스 윌리스가 주연했던 'The Fifth Element'(제 5원소)라는 영화가 한
> 때 인기 있었죠.
> {발음 tip} [엘리먼트]가 아니고 [엘러먼트]라고 발음하죠!

focus [fóukəs] 명 초점 동 초점을 맞추다, 집중하다

It is hard for me to focus on my study at night.

난 밤에 공부에 집중하기가 어렵다.

> focus on은 '~에 초점을 맞추다, 집중하다'의 의미로 concentrate on과 비슷한 맥락에서 쓰
> 여요. 또한 물리에서는 카메라나 렌즈의 '초점'에 관련된 의미로도 많이 쓰이죠.

machine [məʃíːn] 명 기계, 기계 장치

My dad gifted a new washing machine to my mom.

우리 아빠가 엄마에게 신형 세탁기를 선물하셨다.

> 재봉틀은 a sewing machine, 자판기는 a vending machine이라고 한답니다. ㅎㅎ

pressure [préʃər] 명 압력, 압박, 중압감, 혈압

These days, I feel a lot of work pressure in the school.

요즘 나는 학교에서 공부 때문에 많은 중압감을 받고 있다.

> pressure on + (사람) 하면 '누군가에게 압력'을 행사하는 것을 말한답니다.
>
> {단어 tip} blood pressure: 혈압, water pressure: 수압

reflect [riflékt] 동 반영하다, 반사하다, 반성하다

The moon reflects light from the sun.

달은 태양에서 오는 빛을 반사한다.

> 빛을 반사한다는 의미 말고 사람이 자신의 삶을 reflect한다고 하면 '되돌아보다' 또는 '반성하다'라는 의미로 쓰여요.

shine [ʃáin] 동 비추다, 빛나다, 돋보이다

My pretty girlfriend's face shines in the class.

나의 예쁜 여자 친구의 얼굴이 교실에서 빛난다.

> 자동사로서 A light shines.(불이 반짝인다) 또는 타동사로서 Someone shines a light.(누군가 불을 비추다). 둘 다 가능한 동사예요.^^

 화학

chemical [kémikəl] 형 화학적인 명 화학물질

There are two chemical labs in my school.

우리 학교에는 화학 실험실이 두 개 있다.

> '화학'을 의미하는 chemistry의 형용사형이 chemical이에요. 또한 'chemicals'라고 하면 명사로 '화학물질들'을 의미하죠.

consist [kənsíst] 동 ~로 이루어져 있다, 구성되다, ~에 존재하다

A diamond consists of a bunch of hard carbon.

다이아몬드는 딱딱한 탄소 덩어리로 구성되어 있다.

consist of + 명는 '~로 구성되다'라는 의미로 쓰이고 consist in+ 명는 '~으로 존재하다'로 쓰인다는 걸 꼭 기억해두세요.

discover [diskʌ́vər] 동 발견하다, 알다, 깨닫다

We believe that Christopher Columbus discovered
America in 1492.

우리는 크리스토퍼 콜럼버스가 1492년에 아메리카 대륙을 발견했
다고 믿는다.

discover는 원래 존재하는 것을 '발견하는' 것을 의미한다는 점에서 새롭게 '발명하다'(invent)
와는 의미가 다르죠. 명사형은 discovery.

flame [fléim] 명 화염, 불꽃

If a gas and a flame meet each other, it can explode.

만약 가스와 불꽃이 만나면 폭발할 수 있다.

그냥 fire(불)가 아니라 연료를 연소하면서 이글이글 타는 '불꽃'을 flame이라고 해요.

liquid [líkwid] 명 액체 형 액체의, 유동체의

I prefer using a solid soap rather than a liquid soap.

나는 액체 비누보다 고체 비누 쓰는 걸 더 좋아한다.

liquid는 액체, solid는 고체, gas는 기체. 지구상의 대부분의 물체는 이 세 가지 형태로 존재
한다고 과학시간에 배웠죠.
{발음 tip} [리키드]가 아니고 [리꾸이드]가 바로 버터 발음.^^*

medium [mí:diəm] 명 매개물, 중간 형 중간의, 보통의

Waiter : How would you like to eat your steak?

Tom : Medium, please.

웨이터 : 스테이크를 어떻게 드시겠습니까?

탐 : 중간 정도로 익혀주세요.

복수형은 media. 스테이크 먹을 때 쓰는 'medium'은 중간 정도로 구워달라는 뜻이죠.

metal [métl] 명 금속, 합금 형 금속의, 쇠붙이의

Metal can be melted at a certain temperature.
금속은 특정 온도에서 녹을 수 있다.

> metal은 철, 납이나 금 같은 '쇠붙이'를 일반적으로 가리키는 단어예요.
> {발음 tip} [메탈]보다는 [메틀] [메를]이라고 하세요!

react [ri:ǽkt] 동 반작용하다, 반응하다, 반동하다

I react to a cold medicine sensitively.
난 감기약에 너무 민감하게 반응한다.

> react to + 명: ~에 대해 반응하다, react with + 명: ~와 함께 반응하다
> {발음 tip} [리엑트] 하지 말고 [뤼엑트] 하고 발음해주면 좋겠네요.

solid [sálid] 명 고체 형 고체의, 견고한, 견실한

Ann : Can solid directly become a gas?
John : Sure. Dry ice changes into a gas.
앤 : 고체가 직접 기체가 되는 것이 가능할까?
존 : 물론. 드라이아이스는 기체로 변하잖아.

substance [sʌ́bstəns] 명 물질, 요지, 실체

Cigarettes include nicotine and lots of poisonous substances.
담배에는 니코틴과 많은 독성물질이 들어 있다.

> in substance: 실질적으로, 실제로
> {발음 tip} [서브스턴스]가 아니고 [썹스턴스]라고 하면 좋아요~

tin [tín] 명 주석, 양철 깡통

Karen : Why are most cans made of tin?
Martyn : Because tin doesn't rust.
캐런 : 왜 대부분의 캔은 양철로 만들지?
마틴 : 양철은 녹이 슬지 않기 때문이지.

5 과학 관련

scientific [sàiəntífik] 형 과학적인, 기술이 뛰어난

Math and scientific knowledge can be very useful in our lives.

수학과 과학적 지식은 우리 삶에서 아주 유용할 수 있다.

science[sáiəns] 명 과학 + −tific(형용사형 어미) ~적인 = scientific 형 과학적인

technical [téknikəl] 형 기술적인, 전문적인

Jill : The internet is not working now.

Mark : I think it's a technical problem.

질 : 인터넷이 지금 잘 안 돼.

마크 : 내 생각에는 기술적인 문제인 것 같아.

{표현 tip} technical terms: 전문 용어, a technical adviser: 기술 고문

theory [θíəri] 명 학설, 이론

The theory of evolution came from Darwin in England.

진화론은 영국의 다윈에서 유래되었다.

theory는 본인은 사실이라고 믿지만 아직 완전히 사실로 증명되지 않은 '학설'을 의미해요.

{표현 tip} the theory of knowledge: 인식론

 이메일

click [klík] 동 누르다, 딸깍 소리가 나다, 마우스 버튼을 누르다

Mom : How to send an email?
Son : Write your message first and click the 'send' button.

엄마 : 이메일을 어떻게 보내니?
아들 : 먼저 메시지를 쓰시고 나서 '보내기' 버튼을 클릭하세요.

> 사진기의 셔터 누르는 소리도 click이라고 하죠. 그 소리에 착안해서 컴퓨터의 마우스 누르는 것을 click이라고 하게 되었죠.

e-mail [e-méil] 명 전자우편 동 이메일을 보내다

I check my e-mail two times in a day.
난 하루에 두 번 이메일을 체크한다.

> e-mail은 electronic mail(전자메일)의 줄임말이에요. 멕 라이언 주연의 'You've Got Mail'이 라는 영화를 보면 이해가 확~ 될 거예요.

message [mésidʒ] 명 소식, 전갈, 편지 내용, 교훈

I can't answer the phone now. Please leave your message.
지금 전화를 받을 수 없습니다. 메시지를 남겨주세요.

> 미국에서는 전화 통화를 할 수 없으면 voice message를 남기는 것이 일반적이에요. 집집마 다 집 전화기에 녹음을 해놓지요.
> {발음 tip} [메시지]라고 하는 경우가 많은데, [메씨쥐]라고 해야 원어민들이 잘 알아듣는답니다.

Internet [íntərnèt] 명 인터넷

Teacher : You can collect some data over the internet, but don't copy it.

선생님: 인터넷에서 자료를 모을 수는 있지만 베끼면 안 된다.

{발음 tip} 미국 원어민들은 대부분 [이너r넷]이라고 발음해요^^

---

on-line [ánlàin] 형 온라인상의, 접속 중인

Sarah is busy with online shopping now.

지금 새라는 온라인 쇼핑을 하느라 바쁘다.

{표현 tip} Are you on-line? 너 인터넷 하니?

---

receive [risí:v] 동 받다, 접수하다, 얻다

Ann : Did you receive an email from our teacher?

John : Yes. I got it yesterday.

앤 : 우리 선생님이 보낸 이메일을 받았니?

존 : 응. 어제 받았어.

send an email(이메일을 보내다)의 반대말은 receive an email(이메일을 받다)가 되겠죠?

---

repeat [ripí:t] 동 되풀이하다, 반복하다

We can't repeat our past.

지나간 과거는 다시 경험할 수 없다.

repeat는 '반복하다'라는 의미를 가지고 있어요. 수업시간에 선생님이 '나를 따라 해보세요' 하는 것을 'Repeat after me, please.'라고 하잖아요.

{발음 tip} [리피트] 하지 말고 [뤼피잇]이라고 발음하세요.^^

---

reply [riplái] 명 대답, 응답 동 대답하다

My friend does not send me a reply sometimes.

내 친구는 가끔 나에게 답장을 하지 않는다.

response [rispáns] 몡 반응, 대답, 응답

I asked my teacher several questions, but he didn't make any responses yet.
내가 선생님에게 몇 가지 질문을 했는데, 아직까지 아무 응답이 없었다.

동사는 respond([rispánd] 반응하다, 응답하다). 어떤 자극이 되는 것에 대한 '반응이나 대답'을 response라고 해요.
{발음 tip} [리스폰스]가 아니구여, [뤼스빤즈]라고 해주세용~~

sender [séndər] 몡 보내는 사람, 발신인

Eugene : I received one strange mail yesterday.
James : Did you check the sender?
유진 : 어제 이상한 이메일을 하나 받았어.
제임스 : 발신인을 확인해봤어?

발신인이 sender라면 수신인은 receiver겠죠?

type [táip] 동 글자를 치다 몡 종류, 유형, 타입

David : What type of a guy do you like best?
Sandy : I prefer a handsome and tall guy.
데이빗 : 어떤 유형의 남자를 가장 좋아하니?
샌디 : 나는 잘생기고 키 큰 남자가 좋아.

{표현 tip} true to type: 전형적인

attach [ətǽtʃ] 동 부착하다, 접착시키다, 첨부하다

We could find many products which attach a price tag in the supermarket.
슈퍼마켓에 가면 가격표가 붙어 있는 상품들을 많이 찾아볼 수 있다.

{발음 tip} [어태~츠]라고 발음 연습해보세요.

web [wéb] 명 거미줄, 망, 네트워크, 편물

Professor : Please upload your assignment on my web site.
Student : Yes, teacher.

교수 : 내 웹사이트에 여러분의 숙제를 올려놓으세요.
학생 : 네, 선생님.

web은 '거미줄'을 의미하지만, 거미줄처럼 연결된 '네트워크'도 의미하죠. 그래서 거미줄 모양처럼 엮여 있다고 해서 'web site'라는 표현을 쓰게 된 거랍니다.ㅋ

connect [kənékt] 동 연결시키다, 접속하다, 결부시키다

Ann : What are you doing now?
Steven : I am trying to connect my modem to the internet.

앤 : 너 뭐 하고 있는 거야?
스티븐 : 인터넷에 모뎀을 연결하려는 중이야.

보통 connect A to B(A를 B에 연결하다) 또는 connect A with B(A를 B와 연결하다)로 문장에서 많이 활용되죠.
{발음 tip} [코넥트]라고 하면 아쉽고요, [커넥트]라고 해주세요!

 우편

envelope [énvəlòup] 명 봉투, 씌우개

Sarah : One envelope please. How much is it?
Clerk : It costs 25 cents.

새라 : 봉투 하나만 주세요. 얼마죠?
직원 : 25센트에요.

{발음 tip} 발음이 쉽지 않은 단어에요. [엔벌로웁]이라고 해주시면 짱!

package [pǽkidʒ] 명 꾸러미, 포장, 소포

My grandmother sent me a package by express mail.

우리 할머니가 나에게 퀵으로 소포를 보내셨다.

> package는 '여럿이서 함께'라는 의미와 '포장, 소포'라는 의미를 모두 가지고 있어요. 동사 pack(포장하다)에서 나온 명사죠.

stamp [stǽmp] 명 우표, 인지 동 날인하다, 도장 찍다

Mom : You have to stick a stamp on the envelope.

Son : I know.

엄마 : 봉투에 우표를 붙여야 해.

아들 : 알아요.

> stamp는 한국에서 '도장'을 찍는 것으로 잘 알려져 있죠. 하지만 '우표'로 더 많이 쓰인다는 것을 알아두세요.

3 - 인터넷

chat [tʃǽt] 명 수다, 잡담 동 잡담하다

I like chatting with my friends on the Internet.

나는 인터넷에서 친구들과 채팅하는 것을 좋아한다.

> 한때 인터넷에서 MSN messenger를 많이 썼죠. 미국 십대들도 chatting(잡담)할 때 쓰는 용어들이 따로 있어요. 예를 들면 because를 cuz 또는 b/c라고 써요.

conversation [kànvərséiʃən] 명 회화, 대화

Young parents use a web messenger to have a conversation with their kids.

젊은 부모들은 자녀들과 대화하기 위해 메신저를 사용한다.

> chatting이 '잡담'이라면 conversation은 일상적으로 하는 '대화'를 의미해요. 동사 converse(대화하다)의 명사형이죠.

server [sə́:rvər] 명 봉사자, 섬기는 사람, (컴퓨터) 서버

My homepage's web server is shut down sometimes.

가끔 나의 홈페이지가 안 열린다.

> 컴퓨터 전체의 네트워크가 잘 작동하도록 진행하는 부분이 computer servers죠. 그래서 공공
> 기관에 가면 보통 computer server room(컴퓨터 통제실)이 있어요.ㅋ

site [sáit] 명 현장, 장소, 집터

Factories in the city should be on a safe site.

도심의 공장들은 안전한 장소에 있어야 한다.

> web site로 유명해진 'site'.
> {단어 tip} a construction site: 공사장

surf [sə́:rf] 명 파도 동 (인터넷을) 탐색하다, 서핑하다

Recently, many shoppers surf the Internet to buy products.

최근에는 많은 쇼핑객들이 상품을 사기 위해 인터넷 서핑을 한다.

> wind surfing에서 보듯이 surf는 '파도를 타다'라는 뜻을 갖고 있죠. 그런데 인터넷이 생기면
> 서 '파도를 타듯 인터넷 여기저기를 탐색하고 다니다'라는 의미를 가지게 되었어요.

data [déitə] 명 자료, 지식, 자료

John : Where did you get the data of your science project?

Sally : Mostly from the Internet.

존 : 너는 과학 프로젝트 자료를 어디서 얻었니?

샐리 : 대부분 인터넷에서.

> datum의 복수. 주로 자료는 여러 개씩 한꺼번에 얻기 때문에 data가 보편적으로 쓰이죠. 그런
> 데 요즘은 단수, 복수 구분하지 않고 그냥 data를 써요.^^*
> {발음 tip} [데이타]보단 [데이러]라고 하는 게 원어민에 가까워요.

contact [kántækt] 몡 교제, 접촉, 연락 동 ~와 연락하다

Sandy : Did you contact your manager today?
Greg : Not yet.
샌디 : 오늘 매니저와 연락했어?
그렉 : 아니 아직.

> contact는 정보를 전달하기 위해 어떤 사람을 직접 만나거나
> 전화나 이메일 등의 다양한 수단을 통해 연락하는 행위를 의미
> 해요.

error [érər] 몡 실수, 잘못, 과실

I found some errors in this computer program.
나는 이 컴퓨터 프로그램에서 몇 가지 오류를 발견했다.

> 일종의 mistake와 같은 의미인데요. 컴퓨터 프로그램이나 수학에서 보이는 '오류'를 error라고
> 부르죠. 그 외에 spelling(철자)이나 grammar(문법)의 '실수'도 error라고 합니당. ㅎㅎ
> {표현 tip} commit an error: 실수를 저지르다

input [ínpùt] 동 입력하다, 제공하다 몡 입력

Watch out, when you input your personal information on your computer.
네 컴퓨터 안에 개인정보를 입력할 때 조심해라.

> 반대말은 output([áutpùt]): 출력하다

link [liŋk] 동 연결하다, 잇다 몡 유대, 고리

Make a link between different web sites.
다른 웹사이트들을 서로 연결해봐.

> link A with B : A와 B를 연결하다. web page에 다른 웹사이트와 link를 걸어놓으면 한 번의
> 클릭만으로 쉽게 link될 수 있잖아요?
> {표현 tip} link up with + 몡 : ~와 동맹하다

virtual [və́:rtʃuəl] 혱 가상적인, 실제에 가까운 가상의

Steven : Have you ever visited a virtual shopping center on the Internet?
Grace : Sure. It was very convenient.

스티븐 : 인터넷에서 가상의 쇼핑센터를 방문한 적이 있어?
그레이스 : 물론이지. 아주 편하던데.

인터넷상에 '가상이면서 실제에 가까운 공간'을 virtual space라고 하죠.
{발음 tip} [비추얼]이 아닌 [버r츄얼]이라고 해주시면 감사~~^^

Culture

문화

I. 종교

 신

believe [bilíːv] 동 믿다, 신뢰하다, 생각하다

Ann : Do you go to church?
Greg : I don't believe in God.
앤 : 너 교회 다니니?
그렉 : 나는 하나님을 안 믿어.

> 인간관계에서 trust와 비슷한 의미로 쓰여요. 확실치는 않지만 어떤 것이 사실이라고 믿는 것도 believe라고 하죠. 미국의 R. Kelly라는 가수가 'I believe I can fly'라는 곡으로 한때 유명했었죠.

bless [blés] 동 축복하다, 신의 가호를 빌다, 찬양하다

My mother says she is blessed with us.
우리 엄마는 우리 덕분에 축복받았다고 말씀하셔.

> 'God bless'라는 표현을 많이 쓰죠. '신의 가호를'이라는 뜻이에요.

cross [krɔ́ːs] 동 건너다, 가로지르다 명 십자가

Jesus Christ died on the cross to save the people of the world.
예수 그리스도는 세상 사람들을 구원하기 위해 십자가에서 죽었다.

> cross는 '가로질러 건너다'를 의미해요. 기독교에서는 '십자가'를 가리키지요.
> {단어 tip} The Red Cross: 적십자사

pardon [pά:rdn] 몡 용서 돔 용서하다, 눈감아주다

Stephen : Excuse me. Can you tell me where the post office is?
Ann : Pardon?
스티븐 : 실례합니다. 우체국이 어디에 있는지 말씀해주실래요?
앤 : 네?

"다시 말씀해주실래요?"라는 요청으로 "I beg your pardon?", "Pardon me?", "Pardon?"
이라고 많이 해요. 공손한 표현이죠.
{표현 tip} ask for pardon: 용서를 빌다

create [kriéit] 돔 창조하다, 창작하다, 야기하다

In the beginning, God created the heaven and the earth.
태초에 하나님이 천지를 창조하셨다.

예전에 없던 새로운 것을 만들어내고 발명하는 행위를 create라고 하죠. 그런 능력이 있는 사
람을 a creative([kri:éitiv] 창의적인) person이라고 하는데요, 회사에서 이런 사람들을 아주
좋아하죠. ㅋ

heaven [hévən] 몡 하늘, 천국, 낙원

We believe that people will go to heaven after we die.
우리는 사람이 죽은 후에 천국에 간다고 믿는다.

반대말은 hell(지옥)이죠.
{표현 tip} go to heaven: 승천하다, 죽다. a heaven on earth: 지상낙원

holy [hóuli] 혱 신성한, 거룩한, 독실한

People must not say, "Holy cow!" in India.
인도에서는 "맙소사"라는 말을 해선 안 된다.

Holy cow는 '맙소사'라는 감탄사인데요. 하지만 직역해보면 '거룩
한 소'라는 인도의 신이라서, 소를 욕되게 부르면 신성모독이 되어
봉변을 당할 수도 있다고 하네요.
{표현 tip} a holy life: 경건한 인생, a holy love: 거룩한 사랑

lord [lɔ́:rd] 명 주인, 주님, 구세주

Most christians believe that Jesus Christ is the only lord for them.
대부분의 그리스도인들은 예수 그리스도가 그들에게 유일한 주인이라고 믿는다.

> 기독교에서는 하나님을 'Lord'라고 많이 불러요. 영화에도 자주 나오죠. "My lord(오~ 나의 하나님)!"

mystery [místəri] 명 신비, 비밀, 비법

I read a book about world's seven mysteries yesterday.
난 어제 세계 7대 불가사의에 대한 책을 읽었다.

temple [témpəl] 명 성전, 절, 사원, 교회당

Last summer, I went to a Solomon's temple in Jerusalem
지난여름에 난 예루살렘에 있는 솔로몬 성전에 갔었다.

> {단어 tip} temple: 관자놀이, 안경다리

 2 악마

doubt [dáut] 명 의심, 회의, 불신 동 의심하다, 의구심을 갖다

Steven : Your son did not come home yesterday?
Ann : He told me that he studied at the library, but I doubt if he was lying.
스티븐 : 너희 아들이 어제 집에 안 들어왔다고?
앤 : 도서관에서 공부했다고 말했는데 거짓말이 아닌지 의심스러워.

> 긍정과 부정 사이에서 의심한다는 의미가 있어서, 나쁜 의도로만 사용하는 건 아니에요. b는 묵음이라서 발음 안 해요.
> {단어 tip} [다우트]보단 [다웃]이 더 깔끔하답니다.

evil [í:vəl] 명 죄악 형 사악한, 재앙의

Sarah : My older sister is such an evil. She always annoys me.
Chris : She looks nice, though.

새라 : 우리 언니는 진짜 나빠. 항상 날 괴롭히거든.
크리스 : 착해 보이던데.

> 사이가 좋지 않고 자신을 괴롭히는 형제를 부를 때 'evil broth-
> er', 'evil sister'라고들 해요. 하지만 좋은 표현은 아니죠.ㅋ
> {표현 tip} good and evil: 선과 악

hell [hél] 명 지옥, 황천

Tracy : Did you hear about the killer who killed three women last night?
Mark : Yes, I did. I think he should go to hell.

트레이시 : 지난밤에 여자 세 명을 죽인 살인자에 대해 들었니?
마크 : 응, 들었어. 그 사람은 지옥에 가야 해.

> 악마가 사는 곳이 hell이 맞죠?
> {표현 tip} What the hell are you talking about? 도대체 너 뭐라고 하는 거야?

3 종교적 존재, 인간

faithful [féiθfəl] 형 충실한, 성실한, 믿을 만한

Silas : My grandmother goes to church early in the morning everyday.
Sandy : She seems so faithful.

사일러스 : 우리 할머니는 매일 아침 일찍 교회에 가셔.
샌디 : 아주 독실하신 분 같은데.

> faith 명 믿음, 신실 + -ful(형용사형 어미) ~한 = faithful

belief [bilí:f] 명 믿음, 신념

My father's belief is that I will enter Harvard University.
우리 아버지는 내가 하버드 대학에 들어갈 거라고 믿는다.

> believe(믿다)의 명사형이에요.

wish [wíʃ] 동 희망하다, 기원하다, 바라다 명 소원

I wish I could be a millionaire.
난 내가 백만장자가 되길 바랐어요.

> wish는 실현되기가 불가능한 것을 바라는 것이고, want는 실현 가능한 것을 바라는 의미로 많
> 이 사용돼요.

convert [kənvə́:rt] 동 전환하다, 개종하다, 바꾸다 명 개종자

My sofa converts into a bed.
내 소파는 침대로 바꿔 쓸 수 있다.

> 'be converted into'는 '~의 형태로 바뀌다'로 쓰이지만 'convert to'는 '종교를 개종하다'는
> 의미로 많이 쓰여요.

devote [divóut] 동 헌신하다, 전념하다, 바치다, 몰두하다

My teacher wants to devote his life to education.
우리 선생님은 교육에 일생을 바치기 원한다.

> 문장에서는 'devote A to B'(헌신하다)의 형식으로 많이 나오죠. 단어
> 만 외우지 말고, 문장에서 그 단어가 어떤 형태로 많이 쓰이는지 알아야
> 활용이 가능해요.

existence [igzístəns] 명 존재, 실존, 현존

Many people still believe in the existence of ghosts.
아직 많은 사람들이 귀신의 존재를 믿고 있다.

> exist 동 존재하다 + -ence(명사형 어미) ~것 = existence
> {표현 tip} bring into existence: 생기게 하다, ~결과를 낳다

praise [préiz] 명 칭찬, 찬양 동 찬양하다, 칭찬하다

Praise makes good men better.
칭찬은 좋은 사람을 더 좋게 만든다.

일반적으론 '칭찬하다'의 의미로 많이 쓰이고, 종교에선 '찬양하다'의 의미로 쓰여요.

{표현 tip} in praise of: ~을 찬양하여

pray [préi] 통 기도하다, 탄원하다, 간청하다

Mom : Let's pray for dad's health.

Kids : Yes, mom. I hope God may answer our prayer.

엄마 : 아빠의 건강을 위해 다 같이 기도하자.

아이들 : 그래요. 엄마. 난 하나님이 우리 기도에 응답해주시길 바라요.

pray for : ~를 위해 기도하다/갈구하다, pray to : ~에게 기도하다, pray that 주 + 통: ~할 것을 기원하다

priest [prí:st] 명 성직자, 사제, 신부 통 성직자로 임명하다

Most Catholic priests cannot get married.

대부분의 가톨릭 사제들은 결혼할 수 없다.

Catholic과 Hindu 등의 종교에서 일하는 성직자를 priest라고 불러요. 기독교의 성직자는 priest라고 하기도 하지만 pastor([pǽstər] 목사), 또는 minister([mínistər] 목사)로 더 많이 부르구요. ^^*

religious [rilídʒəs] 형 종교적인, 신앙적인, 경건한

There are many religious people in India, but there are more gods than people there.

인도에는 종교적인 사람들이 많이 있지만 거기에는 사람보다 신이 더 많다.

인도(India)는 상당히 religious country([kʌ́ntri] 종교 나라)인 거 다 아시죠? 거기에는 신의 숫자가 사람의 숫자보다 많고, 종교에 관심 있는 사람들이 무지무지 많다네요.

sacred [séikrid] 형 신성한, 성스러운, 거룩한

The elephant is a sacred animal in India.

인도에서 코끼리는 성스러운 동물이다.

힌두인들은 코끼리 머리를 한 힌두신의 생일을 기념하여 10일간의 성스런 행사를 하기도 한답니다.

sacrifice [sǽkrəfàis] 명 희생 동 희생하다, 제물을 바치다

Most kids' mothers in the world sacrifice themselves to their children.
세상 대부분의 엄마들은 자녀들을 위해 자신을 희생한다.

> sacrifice A to B: 'B를 위해 A를 희생하다'의 형태로 많이 쓰여요.
> {발음 tip} 발음이 멋지지 않나요? [쌔크러화이스] ~~^^

saint [séint] 명 성인, 성자, 덕이 높은 사람

My church paster is such a saint.
우리 교회 목사님은 성자 같은 분이다.

> 미국의 지명 중 saint가 들어간 지명이 많아요. Saint Louis, San(=saint)
> Francisco, San Diego 등이 있는데요. 기독교에서는 역사적으로 아주
> 모범이 되었던 인물을 saint(성인)로 만드는데 최근 얼마 전 세상을 떠난
> 교황 요한 바오로 2세를 saint로 만드는 일이 진행 중이랍니다.
> {단어 tip} a sunday saint: 일요일에만 신자인 처 하는 사람

soul [sóul] 명 영혼, 정신, 정기, (흑인) 음악의 장르

Grace : Do you believe that your soul exists after you die?
Steven : Sure thing.
그레이스 : 너는 죽은 후에도 영혼이 계속 존재한다고 믿니?
스티븐 : 물론이지.

> '영혼'을 의미한다는 점에서 spirit(영적인 존재, 정신)과는 조금 쓰임새가 달라요.
> {단어 tip} a soul mate: 마음속 깊이 자리 잡은 친구, 조언자, 이성

worship [wə́ːrʃip] 명 예배, 숭배 동 존경하다, 예배하다

Steven : What do you do on sundays?
Grace : I usually attend a worship service on every sunday
　　　　 morning.

스티븐 : 일요일엔 뭘 하니?
그레이스 : 일요일 아침마다 예배에 참석해.

> 종교에서 신에게 경배하는 행위를 worship이라고 해요.

spirit [spírit] 명 영혼, 정신, 원기, 용기, 기백

Mom : What did you pray for?

Son : I prayed that God keeps me safe from the evil spirits.

엄마 : 무엇을 위해 기도했니?

아들 : 하나님이 악령들로부터 저를 안전하게 지켜달라고 기도했어요.

> 영적인 존재를 spirit이라고 해요. 또한 the world of spirit(정신세계)에서처럼 인간의 '정신'을 의미하기도 한답니다.
>
> {발음 tip} [스피리트]가 아니구여 [스삐뤼엇]이라고 멋있게 해보세요~~

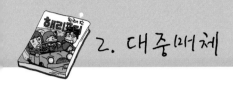

2. 대중매체

1 - TV, 영화

● **channel** [tʃǽnl] 몡 채널, 주파수, 경로
Karen : What is your favorite TV show?
Steven : 'Lost' on Channel 5 is my favorite.
캐런 : 가장 좋아하는 TV 쇼가 뭐니?
스티븐 : 5번 채널에서 하는 '로스트' 야.

> TV channel은 station(방송국)으로 대신 사용되기도 하죠.
> {표현 tip} a reliable channel: 믿을 만한 소식통, a channels of trade: 무역경로

● **director** [diréktər] 몡 지도자, 관리자, (영화)감독
My favorite movie director is Steven Spielberg of 'Star Wars'.
내가 제일 좋아하는 영화감독은 '스타워즈'의 스티븐 스필버그야.

> direct 통 지도하다 + -or(명사형 어미) ~하는 사람 = director 지도자, 관리자. manager보
> 다 위에 있는 직책의 사람을 가리키며, 미국에서는 '영화감독'을 film director라고 하죠. 하지
> 만 'TV 드라마 감독'은 producer라고 해서 용어가 달라요.

● **sitcom** [sítkɑm] 몡 (라디오, TV) 연속 홈 코미디
Sam : Recommend a funny sitcom DVD you know.
Sandy : What about "Friends, Season 5"?
샘 : 네가 아는 재밌는 시트콤 DVD 좀 추천해주라.
샌디 : "프렌즈, 시즌 5"는 어때?

> sitcom: situation comedy(매 회마다 에피소드가 다른 상황별 코미디)의 줄임말이에요.
> {발음 tip} [시트콤]이 아니구여 [씻컴]이라고 해요!

film [fílm] 명 필름, 영화

Tracy : Let's go to the movies.
John : Which film? No more romantic comedies.
트레이시 : 영화 보러 가자.
존 : 무슨 영화? 로맨틱 코미디는 사양할래.

> movie와 같이 '영화'라는 뜻으로 많이 쓰죠. 발음하기 어려운 단어 중 하나예요.
> {발음 tip} [필름]이라고 하면 원어민 누구도 못 알아들어요. [휘어음] 하고 연습 많이 하고 해보
> 세요. 연습해서 남주남?ㅋ

documentary [dὰkjəméntəri] 형 문서의 명 (영화, 텔레비전) 기록물

TV documentary is a little boring but very useful for us.
TV 다큐멘터리는 약간 지루하지만 우리에게 아주 유익하다.

> document 명 문서, 기록 + ary(형용사형 어미) ~의, ~한 = documentary 형 문서의.
> document를 가지고 '기록영화'를 만드는 것을 documentary라고 하죠.

studio [stʃúːdiòu] 명 작업장, 원룸 아파트

Joe : Do you know how Eugene is doing?
Jill : She has been practicing her songs in a
　　　 recording studio.
조우 : 유진이 어떻게 지내는지 너 아니?
질 : 요즘 녹음 스튜디오에서 노래연습을 하고 있어.

> 방송 실내 촬영장, 또는 가수들이 노래를 녹음하는 녹음 스튜디
> 오를 studio라고 해요. 그리고 미국에선 원룸형태의 집을 stu-
> dio라고 해요.
> {발음 tip} [스튜디오] → [스뜌디오] → [스뜌리오]라고 하면 원어민에 가깝죠.

stunt [stʌ́nt] 명 아슬아슬한 연기, 묘기, 곡예

Sarah : 'Spiderman' starts jumping over the buildings
　　　　 in New York.
Steven : Actually a stunt man does it on that scene.

새라 : 스파이더맨이 뉴욕 빌딩들 위로 점프하기 시작했어.

스티븐 : 사실은 저 장면, 스턴트맨이 하는 거야.

> 주의를 끌기 위한 곡예 연기나 액션 연기를 stunt라고 하며, 보통 주인공을 위험에서 보호하기
> 위해 stunt를 대신해줄 stunt man이나 stunt woman이 있어요.

video [vídiou] 몡 비디오, 영상

Tracy : Where is my video camera?

John : It may be in your closet.

트레이시 : 내 비디오카메라가 어디 있지?

존 : 네 옷장에 있을걸.

> 주로 실생활에서 보는 video tape, video recorder, video camera를 생각하면 되겠죠?

appear [əpíər] 동 등장하디, 출현하나, ~인 듯하다

Teacher : I don't see Jane in the class today.

Student : She didn't appear all day long today.

선생님 : 오늘 수업에 제인이 보이질 않는구나.

학생 : 오늘 내내 안 보였어요.

> 어떤 현상이 눈에 보이게 '나타나다'를 의미하는 appear는 '방송이나 무대에 출연하다'라는
> 의미도 가지고 있어요.

broadcast [brɔ́:dkæst] 동 방송하다, 중계하다

Jill : Where can I watch CNN on TV?

Jason : I have no idea. I don't think CNN broadcasts in Korea.

질 : 어느 TV 채널에서 CNN을 시청할 수 있지?

제이슨 : 모르겠어. 내 생각엔 CNN은 한국에서 방송하지 않는 것 같아.

> KBS는 Korea Broadcasting Station의 약자이고, MBC나 SBS의 가운데 B는 모두 broad-
> casting의 줄임말이에요. 동의어는 televise.

dramatic [drəmǽtik] 형 드라마 같은, 각본의, 극적인

I like watching the most dramatic scenes in the film.
난 영화에서 가장 극적인 장면을 보는 것을 좋아한다.

> drama 명 드라마 + -tic(형용사형 어미) ~적인, 같은 = dramatic 드라마 같은

scene [síːn] 명 장면, 광경, 현장

I would never forget the last scene in the 'Old Boy'.
난 '올드보이' 에서의 마지막 장면을 못 잊을 거야.

> 영화나 TV에서 '한 장소에서 찍은 장면'을 scene이라고 하죠.

screen [skríːn] 명 화면, 망 동 상영하다, 가리다, 칸막이 치다

"Transformer, part II" will be screened next week.
다음주에 '트랜스포머 2' 가 상영될 거다.

> screen은 영화나 TV 프로그램을 '상영하다'라는 뜻과 '가리다' '차단하다'라는 의미가 있어요.
> 예를 들어, '자외선 차단 크림'을 한국에서는 sun block이라고 하지만 미국에서는 sun
> screen이라고 부르죠. ㅎㅎ

ending [éndiŋ] 명 결말, 종결, 종말, 최후

Sometimes, I don't remember what the ending was in a movie.
가끔 어떤 영화의 결말이 기억나지 않는다.

> 영화나 소설 등의 '결말 부분'을 ending이라고 하죠. happy ending(행복한 결말), sad end-
> ing(슬픈 결말) 뭐 이렇게 부르잖아요?

series [síəriːz] 명 연속물, 일련, 연속

I watch 'World Series' baseball event on
TV every year.
나는 매년 TV로 월드시리즈 야구경기를 시청한다.

한국의 '인간극장'처럼 같은 제목을 가지고 '연속물'로 다양하게 이야기를 전개하는 프로그램을 series라고 해요. 'Star Wars'나 'Die Hard'도 여러 편의 시리즈물로 되어 있죠?

{단어 tip} a sequel: 속편

2 책, 잡지

cartoon [kɑːrtúːn] ⑲ 만화 ⑲ 풍자적인

These days, Sponge Bob is one of the most popular cartoon characters.
요즘 스펀지 밥이 가장 인기 있는 만화 캐릭터 중 하나다.

만화책이나 TV 만화 영화를 가리킬 때 cartoon이라고 해요. 신문에 실리는 연재만화는 comic strip이라고 하죠.
{발음 tip} [카r툰]이라고 하면 무난하죠.^^*

fiction [fíkʃən] ⑲ 소설, 창작, 꾸민 이야기

The princess' love story sounds like a fiction, not a real story.
공주의 사랑 이야기는 사실이 아니라 소설인 것 같다.

예) fiction: 소설, nonfiction: 실화 이야기

ink [íŋk] ⑲ 잉크, 먹물

Tracy : How did people write novels a long time ago?
Greg : They handwrote their novels in black ink.
트레이시 : 오래 전에 사람들은 어떻게 소설을 썼을까?
그렉 : 검정 잉크를 가지고 손으로 직접 썼지.

{표현 tip} China ink: 먹, ink out: 잉크로 지우다, as black as ink: 새까만

language [læŋgwidʒ] ⑲ 언어, 말, 국어

A copy of the Bible is written in the old Greek language.
성경 사본은 고대 그리스어로 쓰였다.

language는 spoken language(구어)와 written language(문어)로 나누어지죠. 인간이 동물과 다른 점 중 하나가 language를 쓴다는 거에요.

magazine [mӕgəzíːn] 명 잡지, 탄약고

I love reading fashion magazines like Esquire.
나는 에스콰이어 같은 패션 잡지 읽는 걸 좋아한다.

강세가 마지막 부분에 있는 것에 유의하기!
{발음 tip} [메가진] 하고 촐싹거리게 발음하지 말고 [매거지인] 하고 뒤에 힘을 주고 발음하면 효과만점!

newsletter [njúːzlètər] 명 시사 통신, 사보, 회보, 홍보

Universities in the US send their newsletters to their alumni every season.
미국 대학들은 계절마다 졸업생들에게 학교 소식지를 보낸다.

news 명 소식 + letter 명 편지 = newsletter 소식을 전하는 편지. 기관이나 학교에서 규칙적으로 보내는 소식지를 newsletter라고 하지요.

novel [návəl] 명 (장편) 소설

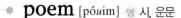

Sally : What are you reading now?
John : I am reading 'The Little Prince'.
샐리 : 지금 뭐 읽고 있니?
존 : '어린 왕자' 읽어.

짧은 이야기가 story라면 긴 이야기를 novel이라고 한다네요.
{발음 tip} [노벨]이 아닌 [나블]이라고 해주세요~

poem [póuim] 명 시, 운문

Amy : I learned one poem written by an American Indian
　　　 in the English class.
Josh : What is the poem about?
에이미 : 영어수업 시간에 인디언이 쓴 시 하나를 배웠어.
자쉬 : 뭐에 관한 시인데?

publish [pʌ́bliʃ] 동 출판하다, 발행하다

I am planning to publish my English language book this year.

난 올해 영어 책을 출판할 계획이다.

{단어 tip} publisher: 출판사, 출판인. copyright: 저작권

SF[Science Fiction] [sáiəns fíkʃən] 명 공상과학 형 공상과학 소설의

Ted : Have you ever seen any SF films?

Kelly : Sure. I saw 'Transformers' last spring.

테드 : 공상과학 영화를 본 적 있어?

켈리 : 물론이지. 지난봄에 '트랜스포머'를 봤어.

author [ɔ́:θər] 명 저자, 작가

I met the author of 'Harry Potter' and got her signature on her book.

난 '해리포터' 저자를 만나서 책에 사인도 받았어.

책을 쓴 사람을 author라고 하지요.

{발음 tip} [어~써r]라고 연습하세요!

chapter [tʃǽptər] 명 (책, 논문의) 장, 과

Teacher : Read the whole chapters we learned today.

Karen : That's too much, teacher. We can't read 70 pages in a day.

선생님 : 오늘 배운 과를 전부 읽어라.

캐런 : 너무 많아요. 선생님. 하루에 70페이지나 읽을 수는 없어요.

보통 책의 구성이 1장, 1과 이런 식으로 이루어지는데 그 구성요소인 '과, 장'을 chapter라고
해요.

compose [kəmpóuz] 동 조립하다, 시를 짓다, 작곡하다

Sam : This poem is so amazing. Who composed this?

샘 : 이 시 정말 좋다. 누가 지었지?

> 시, 편지, 음악을 쓰는 것을 compose라고 해요. 또한 많이 쓰는 숙어로 be composed of + 명: ~로 구성되다 = be made up of, consist of가 있어요. 독해 지문에 많이 나오니까 꼭 외워두시길!

content [kəntént] 명 내용, 기사, 항목 형 만족하는

Grace : Can you tell me the contents about 'The Old Man and the Sea'?

Jason : Why don't you read it by yourself?

그레이스 : '노인과 바다' 의 내용을 얘기해줄래?

제이슨 : 너가 직접 읽어보지 그러니?

> 무엇이든 안쪽에 담겨 있는 '내용물'을 contents라고 해요. 상자나 병 안에 담겨 있는 것도 contents고, TV 프로그램이나 책 안에 담겨 있는 주제, 이야기들도 다 contents라고 해요.

context [kántekst] 명 문맥, 정황, 배경

Students should know the meanings of words from the context.

학생들은 문맥으로 단어의 뜻을 알아야 한다.

> 이야기의 앞뒤 내용이나 그 이야기와 관련된 일반적 상황이 이치에 맞을 때, context가 맞다고 표현하죠.
>
> {표현 tip} out of context: 전후 관계없이

define [difáin] 동 정의를 내리다, 한정하다

According to history books, history is defined as a winner's story.

역사책들에 의하면, 역사란 승자의 이야기로 정의된다.

> be defined as + 명 = ~로 정의되다, 한정되다. 명사로는 definition([dèfəníʃən]정의)이 있죠.

describe [diskráib] 동 묘사하다, 설명하다, ~라 칭하다

The scenes of a car accident were terrible to describe last night.

어제 난 차 사고 장면은 설명하기가 끔찍했다.

> visual(눈에 보이듯)하게 그림 그리듯 말로 설명하는 것을 describe라고 해요.

dictionary [díkʃənèri] 명 사전, 용어사전

Ted : Can I borrow your dictionary for a second?

Jason : I'm afraid I am using it now.

테드 : 네 사전 잠깐 좀 빌릴 수 있을까?

제이슨 : 미안한데 내가 지금 쓰고 있어.

> 요새는 paper dictionary보다 electronic dictionary(전자사전)가 더 인기죠? 인터넷 사전을 많이 쓰기도 하구여.

draft [drǽft] 명 초벌원고, 초안 동 징병하다, 초벌그림을 그리다

Our Korean men had been drafted into the military long time ago.

오래전에 우리나라 남자들은 군대에 징용되었었다.

> essay를 쓰기 전에 학생으로 하여금 first draft와 second draft를 써서 전체 글의 구조부터 작은 문법적 오류에 이르기까지 모든 사항을 수정하게 하죠.
> {발음 tip} [드래프트]보다 [주래ft]가 더 세련되고 원어민에 가까워요.

edit [édit] 동 편집하다, 교정하다

My uncle works for a publishing company as an editor.

우리 삼촌은 출판사에서 편집자로 일하신다.

> 보통 어떤 글을 출판하기에 앞서 오류를 정정하고 원고를 수정하는 것을 edit이라고 합니당.^^

essay [ései] 명 작문, 수필

Teacher : Congratulations! John won the first place in the essay writing
competition.

선생님 : 축하한다! 존이 작문 대회에서 1등을 했어.

하나의 주제를 가지고 쓰는 짧은 글을 essay라고 해요. story나 novel과는 구분되죠?

highlight [háilàit] 동 강조하다 명 가장 중요한 부분, 두드러지는 장면

Highlight it in the important parts when you read your textbook.
너희들이 교과서 읽을 때 중요한 부분을 강조해라.

> 우리가 자주 쓰는 형광펜을 high-lighter라고 하잖아요? 왜냐하면 글의 특정
> 부분을 강조하기 위해서죠.

illustrate [íləstrèit] 동 삽화를 넣다, 설명하다

Josh : I heard you go to an art institute.
Amy : Yes. I learn how to illustrate these days.
죠쉬 : 너 미술학원 다닌다며.
에이미 : 응. 요즘 삽화 그리는 법을 배워.

> 책에 그림 넣는 것을 illustrate라고 하는데요. 그렇게 하면 책 내용이 더욱 clear(뚜렷)해지고
> 좋아 보이겠죠?
> {발음 tip} [일러스츄레잇] 하면 짱ㅋ

journal [dʒə́:rnəl] 명 일기, 잡지, 정기간행물

David : Do you write your journal everyday?
Gale : Not really. I am too lazy to do it everyday.
데이빗 : 매일 일기 쓰니?
게일 : 별로. 너무 게을러서 매일은 못해.

> 일기를 diary라고 많이들 알고 있지만, 그날 있었던 일에 대한 자신의 생각을 쓰는 것은 jour-
> nal이라고 해야 맞아요. diary는 '매일의 일정과 계획을 쓰는 작은 책'을 말해요.ㅋ

index [índeks] 명 (책의) 색인, 집게손가락 동 나타내다, 지적하다

Kyle : What do Americans call their second finger in English?
Eugene : It is called index finger.
카일 : 영어로 두 번째 손가락을 뭐라 부르지?
유진 : 인덱스 핑거라고 해.

보통 책 뒤에 알파벳 순서로 덧붙여놓은 것을 index라고 하죠. 또, index finger는 어디에 뭐가 있는지 보여주는 역할을 하니까 '집게손가락'이 되는 거예요.

issue [íʃuː] 명 주제, 발행물, 유출, 결과 동 발행하다

My dad and grandfather talked about political issues for an hour.
우리 아빠와 할아버지는 정치적인 주제에 대해 한 시간 동안 얘기를 나눴다.

political issues: 정치적 문제, social issues: 사회적 문제. 이처럼 issue는 사람들의 토론거리나 논쟁거리를 의미해요.

quote [kwóut] 동 인용하다, 예를 들다 명 인용구, 인용부호

My pastor quotes a lot of words from the bible for a lecture.
우리 목사님은 강의를 위해 성경에서 많은 단어를 인용한다.

책에 나온 글이나 유명한 사람이 한 말을 따오는 것을 quote라고 하죠. '명언이ㅏ 경구'도 quote라고 해요.
{발음 tip} [쿼우트]가 아니고 [크워웃ㅌ]라고 해주세요~~

paragraph [pǽrəgræf] 명 절, 단락, 문단

Teacher : Write your life story in two paragraphs, please.
선생님 : 여러분의 인생 이야기를 두 단락으로 써보세요.

여러 문장이 하나의 주제를 중심으로 모여서 하나의 paragraph를 구성하죠.

print [prínt] 명 인쇄, 자국 동 인쇄하다, 출판하다

Minsu : I would like to print my journals.
Eugene : A printer is over there.
민수 : 내 일기를 인쇄하고 싶은데.
유진 : 프린터는 저기 있어.

보통 문서를 printer에서 print out(출력)한다고 하죠?
{단어 tip} a finger print: 지문, out of print: 절판되어

outline [áutlàin] 명 개요, 윤곽, 약도

Teacher: Give me an outline about the Korean history.

선생님 : 한국 역사에 대한 개요를 말해보렴.

> 바깥에(out) 선(line)을 그으면 어떤 물체의 실제 모습을 알 수 있죠? 그래서 outline은 어떤 글의 '개요', 어떤 사건의 전체적인 '윤곽'을 의미해요.
> {발음 tip} [아우트라인]보단 [아웃라인]이 더 세련되겠죠?

reference [réfərəns] 명 언급, 참조, 조회, 추천서

This textbook has a reference book for teachers.

이 교과서는 교사용 참고서가 있다.

> a reference book은 어떤 책에 대한 해설과 안내문을 포함하고 있는 '참고서'를 뜻해요.
> {표현 tip} make reference to: ~에 언급하다

spell [spél] 동 철자를 말하다 명 주문, 철자

My nephew does not know how to spell his name yet.

내 조카는 아직 자신의 이름 철자를 모른다.

> spelling mistakes(철자 오류)는 영어에서 다른 말로 typo라고 해요.

version [və́:rʒən] 명 번역(서), 개작, 각색, ~판

Sandy : Do you know the Bible has a lot of different versions?

Chris : No. I thought Bible has only one version

샌디 : 너 성경에 여러 가지 번역판이 있다는 거 아니?

크리스 : 아니, 한 가지 버전만 있는 줄 알았어.

> 하나의 책이 다양한 번역서를 가진 대표적인 예로 성경(the Bible)을 들 수 있죠.

● **volume** [válju:m] 명 책, 권, 큰 덩어리 동 음량을 올리다

Martin : What are you reading?
Sally : The second volume of 'Harry Potter'.
마틴 : 너 뭐 읽고 있니?
샐리 : '해리포터' 2권.

> Harry Potter나 삼국지 같은 책들은 여러 권(volume)으로 구성되어 있죠. 한 질의 책 한 권
> 한 권을 volume이라고 해요. 또한, '볼륨을 올리다'를 volume up이라고 하지요.
> {발음 tip} [볼륨]이 아닌 [v발륨]이 됩니당.

● **summary** [sʌ́məri] 명 요약, 개요 형 요약한, 간략한

I made the summary about Shakespeare's writings.
나는 셰익스피어의 작품을 요약했다.

> sum[sʌm] 동 요약하다 + ary(명사형 어미) ~하는 것 = summary 요약(문). 어떤 글을 짧게
> 줄여서 쓴 것을 말하죠.
> {표현 tip} in summary: 요약하자면
> {발음 tip} [썸머리]가 아니고 [써머뤼]라고 발음해주세용!

 신문

● **article** [á:rtikl] 명 기사, 논문, 사설

We have to read many newspaper articles for a writing.
우린 작문을 위해 신문 사설을 많이 읽어야 한다.

> 신문기사를 a newspaper article이라고 해요.
> {발음 tip} [아티클]보단 [아r뤼클]이 원어민의 발음에 가깝죠.

● **column** [káləm] 명 기둥, 세로줄, (신문) 난

Kate writes a film column in our school
newspaper.
케이트는 우리 학교 신문에 영화 칼럼을 쓴다.

세로로 길게 세워진 돌기둥, 길게 세워진 줄, 세로로 긴 모양을 다 column이라고 해요. 신문의 사설 또한 독자가 읽기 편하도록 세로로 길게 세워져 여러 단으로 구성되어 있는데 그런 모양 덕분에 column이라 부른다네요. 새롭죠?

comic [kámik] 형 희극의 명 잡지만화, 신문만화

Martin : What do you do in your spare time?
Eunice : I usually read comic books.
마틴 : 넌 여가시간에 뭘 하니?
유니스 : 보통 만화책을 읽지.

만화책은 a comic book, 만화 잡지는 a comic magazine.

newspaper [njúːzpèipər] 명 신문, 신문사

If we want to be more intelligent, we have to read a newspaper everyday.
만약 우리가 더 유식해지길 원한다면, 매일 신문을 읽어야 한다.

매일 새로운 news를 paper에 기록해 사람들에게 알려준다고 해서 newspaper가 되었죠.

press [prés] 동 누르다, 압박하다, 다리다 명 언론계

It is so hard for me to press my dress shirts.
나는 와이셔츠 다리기가 너무 어렵다.

사물, 사람뿐만 아니라 걱정거리, 옷의 주름을 '누르고 다리다'를 의미할 때 press를 써요. 또한 the press는 언론계, 신문사를 의미하죠.

topic [tápik] 명 화제, 주제, 이야깃거리

Let's discuss the topic of our school project.
우리 학교 프로젝트 주제에 관해 논해보자.

정치, 경제, 사회 뉴스의 화제나 제목을 topic이라고 해요. '주제 문장'은 보통 그 글의 화제, 제목을 포함하고 있으니까 topic sentence라고 하죠.

comment [kámənt] 명 논평, 설명 통 (시사 문제) 논평하다, 해설하다

Many newspapers comment nicely on 'Harry Porter'.

많은 신문사가 '해리포터'에 대해 호평한다.

> 어떤 사건이나 일에 대한 자신의 견해를 밝히거나 설명하는 것을 comment라고 한답니다.

continuous [kəntínjuəs] 형 계속되는, 연속적인

The biggest problem in Korea now is a continuous unemployment.

현재 한국에서 가장 큰 문제는 계속되는 실업이다.

> continue(지속하다)에서 나온 형용사죠. 끊어지지 않고 계속 이어지는 현상을 묘사할 때 continuous라고 해요.

despite [díspait] 전 ~에도 불구하고

The number of smokers are increasing, despite the cigarettes' high prices.

담배의 높은 가격에도 불구하고, 흡연자의 숫자가 계속 증가하고 있다.

> despite + 명 = in spite of + 명의 형태로 문장에서 자주 보이죠.

distribute [distríbjuːt] 통 분배하다, 나눠주다, 유통시키다

Some people were distributing pizza coupons for free.

몇몇 사람들이 공짜로 피자 쿠폰을 나눠주고 있었다.

> 밖에서 사람들에게 전단지나 신문, 팸플릿 등을 나눠주는 행위를 distribute라고 해요. 또한 피자 위에 토핑을 골고루 뿌리는 것도 distribute라고 표현한답니다.
> {발음 tip} [디스추리뷰트] 하면 멋있게 들리죠.^^

initial [iníʃəl] 명 머리글자, 첫 글자 형 처음의, 시초의

The first initial of every word in the newspaper title should be capitalized.

신문 제목에서 매 단어의 머리글자는 대문자여야 한다.

> 그룹 '원더걸스'의 기획자인 박진영의 이니셜은?
> JYP: Jin Young Park의 initial만을 딴 거죠.ㅋ

mention [ménʃən] 동 (구두로 또는 문서로) 간단히 언급하다

My mom decides not to mention about my test score.
우리 엄마는 내 시험 성적에 대해 언급하지 않기로 결정하셨다.

> 짧고 간단히 '언급하다'를 의미할 때 mention이라고 해요. say보다는 말하는 것이 시간적으로 짧다는 인상을 주죠.

note [nóut] 명 짧은 편지, 기록, 악보 동 적어두다, 주목하다

Kate: Who left this note? There is no name on it.
케이트: 누가 이 쪽지를 남겨놓았지? 보낸 사람의 이름이 없네.

> note는 '쪽지'를 말하는데요. leave a note라고 하면 '쪽지를 남겨두다'를 의미해요.

refer [rifə́:r] 동 조회하다, 언급하다, 참조하다

The president of US referred to the importance of world peace on TV.
미국 대통령은 TV에서 세계평화의 중요성을 언급했다.

> 어떤 특정 주제에 대해 언급할 때 refer to+명를 쓰지요. 명사형은 reference.

strip [stríp] 명 연재만화, 가늘고 긴 조각 동 벗기다, 제거하다

Ann : Have you ever read the comic strip 'Snoopy'?
Sue : Sure. I love the character.
앤 : '스누피' 연재만화를 읽은 적 있니?
수 : 물론이지. 나 그 캐릭터 좋아해.

> 신문의 '연재만화'는 가로로 '가늘고 긴 조각' 같은 모양을 띄고 있죠. 그래서 strip이라고 해요.

title [táitl] 명 제목, 표제, 직함 동 표제를 붙이다

Martin : Did you see the main title of the headline in
the newspaper?
Karen : Not yet.
마틴 : 오늘 신문 헤드라인 제목 봤어?
캐런 : 아니 아직.

4 대중매체의 기능

show [ʃou] 동 보여주다, 제시하다 명 전람회, 흥행

The TV documentaries usually show us real life stories.
TV 다큐멘터리는 대개 현실 생활의 이야기를 보여준다.

see가 '사람이 주체적으로 보는 것'이라면 show는 '상대방이 보도록 보여주는 것'을 말해요.

compare [kəmpɛ́ər] 동 비유하다 (to), 비교하다 (with)

My mom always compares me with her friend's son.
우리 엄마는 항상 엄마 친구 아들하고 나를 비교한다.

명사형은 comparison. compare A with B는 'A를 B와 비교하다'이고 compare A to B는 'A를 B에 비유하다'를 의미해요.
{표현 tip} as compared with: ~와 비교해서

contrast [kántræst] 명 대조, 반대 동 대조하다, 비교하다

Yellow contrasts well with black on the paper.
노란색과 까만색은 종이 위에 좋은 대조를 이룬다.

연결어로 in contrast는 '반면에', 즉 however와 같은 뜻이에요.

inform [infɔ́:rm] 동 알리다, 통지하다, 기별하다

Most broadcasting stations inform us latest news of the world.
대부분의 방송국들은 우리에게 세계의 최신 소식을 알려준다.

여기에서 나온 명사형이 information([ìnfərméiʃən] 소식, 정보)이에요. 언론의 역할은 news 를 세상에 바르게 inform하는 데 있지 않나요?^^

3. 예술

1 음악 관련

beat [bíːt] 동 치다, 때리다, 물리치다

Eugene : Have you seen 'Nanta'?

Mark : Yes. Cooks beat stoves with their hands and sticks.

유진 : 난타 공연 본 적 있니?

마크 : 응. 요리사들이 손과 막대기로 조리 기구를 두드리더라.

> 뭔가를 '때리다, 치다'를 의미할 때 쓰는 가장 흔한 단어죠.
> {표현 tip} LA Dodgers beat the New York Yankees.
> 　　　　　 LA 다저스가 뉴욕 양키스를 물리쳤다.

chant [tʃǽnt] 명 성가, 노래 동 성가를 부르다

Eunice : When I teach English to kids, I like to use Jazz chants.

Sam : I love to learn it.

유니스 : 나는 아이들에게 영어를 가르칠 때, 재즈 성가를 사용하는 것을 좋아해.

샘 : 나도 배워보고 싶다.

> 영어의 리듬(rhythm)을 익히기에 chant보다 더 좋은 것은 없죠. 단조롭지만 영어의 운율과 리듬을 살려서 실제 회화를 연습하게 해주거든요.

classical [klǽsikəl] 형 고전의, 전통적인 명 클래식 음악

People call 'Hendel' as the mother of classical music.

사람들은 헨델을 고전 음악의 어머니라고 부른다.

> modern([mɑ́dərn] 현대적인)의 반대말로 보면 되지만, classical music은 바흐와 헨델을 시작으로 현대 음악 이전까지의 특정 장르 음악이에요. 흔히 클래식 음악을 classic이라고 하는데, classical이라고 해야 돼요~

piano [piǽnou] 명 피아노

Mark : You play the piano so well.

Beth : I have been playing since I was a kindergartener.

마크 : 피아노 연주를 아주 잘 하는구나.

베스 : 유치원생 때부터 연주해왔는걸.

> 복수형은 piano+s=pianos. 피아노 연주자는? 당근 pianist죠. ㅋ

guitar [gitá:r] 명 기타

Esther : I want to learn how to play the guitar.

Jason : Go for it!

에스더 : 기타 연주법을 배우고 싶어.

제이슨 : 당장 해봐!

instrument [ínstrəmənt] 명 악기, 도구, 기구

Martyn : What musical instruments can you play?

Lorrie : I can play the only piano.

마틴 : 어떤 악기를 연주할 수 있어?

로리 : 피아노만 칠 줄 알아.

> instrument는 어떤 일을 수행하기 위해 쓰이는 도구를 의미하며, a scientific instrument는 '과학용 기구', a musical instrument는 '악기'를 의미해요.

jazz [dʒǽz] 명 재즈 동 재즈를 연주하다

Sandy : Have you ever been to New Orleans in the US?

David : Sure. I met many jazz musicians on the street.

샌디 : 미국의 뉴올리언스에 가본 적 있니?

데이빗 : 물론이지. 거리에서 많은 재즈 연주자들을 만났지.

> jazz는 강한 리듬과 즉흥적인 연주로 구성된, 미국 흑인들에 의해 만들어진 음악 장르에요.
> {발음 tip} [째즈]라고 촐싹 맞게 발음하지 말고, [쮀에~즈]라고 길고 늘어지듯 발음해주세요~

pop [páp] 몡 대중음악 통 튀어 오르다

John : I learn pop songs in English class.
Jane : You are so lucky. My teacher never does that.
존 : 난 영어수업 시간에 팝송을 배워.
제인 : 정말 운이 좋구나. 우리 선생님은 그런 거 안 가르쳐줘.

> pop은 원래 popular라는 단어의 준말이죠. 또한 pop corn에서처럼 pop은 '갑자기 튀어 오
> 르다'라는 뜻도 가지고 있어요.
> {단어 tip} pop + eyes = popeyes(파파이스): 놀라서 튀어나온 눈 ^^*

popular [pápjələr] 혱 대중적인, 인기 있는, 유행의

Britney Spears used to be popular in America.
브리트니 스피어스는 한때 미국에서 인기가 많았다.

> a popular singer는 '인기 있는 가수'도 되고 '대중적인 가수'도 되겠죠?

violin [vàiəlín] 몡 바이올린

Sarah Chang gave a violin concert at the Shrine of Art yesterday.
어제 사라 장이 예술의전당에서 바이올린 콘서트를 열었다.

drum [drʌ́m] 몡 북, 드럼 통 드럼을 치다

When I listen to the rhythm of drums, I feel so good.
나는 드럼소리를 들으면 기분이 매우 좋아진다.

> drum은 일반적으로 '북'이라고 부르는 악기를 말해요. 또한 우리가 드럼통이라고 하는 석유 담
> 는 원통형의 큰 통도 drum이라고 해요. 드럼 세탁기의 드럼도 바로 이 단어죠.^^

string [stríŋ] 몡 줄, 끈, 악기의 활

He just went out to change his guitar string.
그는 방금 기타 줄을 바꾸러 밖으로 나갔다.

> the strings 하면 악기 중에 '현악기'들을 통칭하는 말이에요. 몰랐죠?
> {표현 tip} pull the strings: 연줄을 이용하다, 빽을 쓰다

tune [tjúːn] 명 선율, 가락 동 [악기를] 조율하다

Ann : Josh spends so much time to tune his guitar.

John : Because he is not good at tuning.

앤 : 좌쉬는 기타를 조율하는 데 시간이 오래 걸려.

존 : 조율을 잘 못해서 그래.

> 악기를 tuning하면 음이 맞게 나오도록 '조율하는' 것이고, 기계를 tuning하면 그 기계가 잘 작동하도록 '손질하는' 것을 말해요.
>
> {표현 tip} in tune with: ~에 동화되다, ~와 잘 지내다

2 공연예술

cancel [kǽnsəl] 동 취소하다, 중지하다 명 말소, 취소

The musical was cancelled because the main actor had a traffic accident today.

주연 배우가 오늘 교통사고를 당해서 뮤지컬이 취소되었다.

> 공연이 취소되거나 공항에서 비행기가 취소되었을 때 'cancelled'라는 알림 공고를 자주 볼 수 있죠.

cast [kǽst] 명 등장인물 동 배역을 맡기다, 내던지다

Don't cast a stone to a passing dog on the street!

거리에서 지나가는 개한테 돌 던지지 마라!

> 동사로는 '던지다'라는 뜻이 있어요. 혹시 Tom Hanks가 주연한 'Castaway' 라는 영화를 본적이 있나요? '버려진 사람'이라는 뜻이에요.
>
> {표현 tip} cast the dice: 주사위를 던지다

musical [mjúːzikəl] 형 음악의, 음악적인 명 뮤지컬

I personally don't like a musical film very much.

난 개인적으로 뮤지컬 영화를 좋아하지 않는다.

> music 명 음악 + -al(형용사형 어미) ~의, ~적인 = musical. 다 알죠?

concert [kánsə(:)rt] 명 음악회, 연주회, 합주

Daughter : Mom, can I go to the 'Big Bang' concert with my friends?
Mom : When you finish your homework.
아들 : 엄마, 저 친구들하고 '빅뱅' 콘서트에 가도 돼요?
엄마 : 숙제 끝내놓고.

> 음악을 라이브로 하는 모든 것을 concert라고 해요.
> {발음 tip} [콘서트] → [컨써r트] ^^

orchestra [ɔ́:rkəstrə] 명 관현악단

I went to a regular concert of New York Philharmonic orchestra yesterday.
나는 어제 뉴욕 필하모닉 오케스트라 정기공연에 갔었다.

> 주로 classical music을 연주하는 다양한 악기 연주자들의 모임을 orchestra라고 해요.
> {단어 tip} a symphony orchestra: 교향악단

perform [pərfɔ́:rm] 동 공연하다, 이행하다, 연기하다

My mother says that a parent's role is not easy to perform.
우리 엄마는 부모 노릇 하는 것이 쉽지 않다고 하신다.

> 명사형은 a performance: 연기, 연주, 행위

clap [klǽp] 명 박수, 갈채 동 손뼉을 치다, 가볍게 두드리다

After the performance, everybody stood up and clapped.
공연이 끝난 후 모두 일어나 박수를 쳤다.

> '~에게 큰 박수를 쳐주다'는 give a big clap to라고 해요.

audience [ɔ́:diəns] 명 청중, 관객, 시청자

Operah Winfrey gave Christmas gifts to the audience .
오프라 윈프리가 관객들에게 크리스마스 선물을 주었다.

band [bǽnd] 명 악단, 무리 동 단결하다

Mark : Why you didn't show up in the library?

Ann : I went to see a school band performance.

마크 : 너 왜 도서관에 안 왔어?

앤 : 어떤 학교 밴드 공연을 보러 갔었거든.

미국에서 school band는 marching([máːrtʃ] 행진하는) band를 말해요. 스포츠 경기가 있거나 축제가 있을 때 유니폼을 입고 관악기들을 연주하면서 행진하는 band죠.

theme [θíːm] 명 주제, 제목, 테마

I am going to a theme park with my family soon.

나는 곧 가족들과 테마공원에 갈 거다.

subject([sʌ́bdʒikt] 주제)와 다른 점이 있다면 theme은 '주제가 되는 생각'쯤으로 보면 될 거에요. theme이 좀 더 추상적이죠.ㅋ

{발음 tip} [테마]라고 발음하는 게 아니고 [띠임]이라고 해주세요.

stage [stéidʒ] 명 무대, 단계 동 상연하다, 각색하다

Sally : Did you see the musical that Sarah performed?

Mark : Of course. She was nervous first but she was okay on stage.

샐리 : 새라가 공연한 뮤지컬 봤니?

마크 : 물론이지. 새라가 처음엔 긴장하더니 공연 중에는 괜찮더라.

{표현 tip} She has to be on the stage. 그녀는 배우가 되어야 해.

poster [póustər] 명 전단지, 벽보 동 전단을 붙이다

Tracy : You look so busy. Need some help?

John : Please, help me put this poster on the boards.

트레이시 : 너 많이 바빠 보인다. 도와줄까?

존 : 게시판에 이 포스터 붙이는 것 좀 도와줘.

3 전시예술

picture [píktʃər] 명 그림, 사진, 영화 동 그리다, 묘사하다

I hang a picture of Bill Gates in my room.
나는 내 방에 빌 게이츠 사진을 걸어놓았다.

> photo(사진)의 다른 말이기도 하죠. "Could you take a picture for me?" 하면 "사진 한 장만 찍어주실래요?"라는 뜻이에요.

appreciate [əprí:ʃièit] 동 평가하다, 감상하다, 감사하다

Curator : Please appreciate these paintings, and ask me any questions you have.
큐레이터 : 여기 그림들을 감상해주시고, 질문 있으시면 무엇이든 해주세요.

> 'I appreciate your help.' 하면 감사하다는 뜻이에요. 반면에 'I appreciate your paintings.' 라고 하면 '그림을 감상하다'라는 뜻이 되요. 상황에 따라 다른 의미로 쓸 수 있답니다.
> {발음 tip} [어프리쉬에잇] 하고 연습하세요^^*

display [displéi] 동 전시하다, 진열하다 명 전시, 표시

A museum in Washington DC displays many old pictures in World War Ⅱ.
워싱턴 DC에 있는 한 박물관에서 2차 세계대전 당시의 낡은 사진들을 전시한다.

> {표현 tip} make a display of: ~을 드러내다, 과시하다

exhibit [igzíbit] 동 전시하다, 출품하다, 보이다

The museum has only exhibited several Indian clothes and children books.
그 박물관은 인디언 옷 몇 벌과 아이들 책만 전시했다.

> exhibit은 display와 비슷하지만 '대중에게 전시하다'라는 좀 더 구체적인 의미가 있죠. 그래서 박물관이나 미술관에서 열리는 전시회는 display가 아니라 exhibition이라고 해요.

gallery [gǽləri] 명 미술관, 관객, 구경꾼

I went to the Seoul Art Gallery to see Van Gogh's paintings on Sunday.

나는 일요일에 서울 시립 미술관에 반 고흐의 그림을 보러 갔다.

> 보통 '미술관'을 의미하죠. 반면에 골프 경기 때 몰려드는 구경꾼을 gallery라고도 한답니다.

symbol [símbəl] 명 상징, 표상, 기호

Student : What is the symbol of the United States of America?

Teacher : It is an eagle.

학생 : 미국을 상징하는 동물이 뭐죠?

선생님 : 독수리란다.

> 어떤 것을 대표하는 것을 symbol이라고 해요. 동사는 symbolize: 상징하다.
> {발음 tip} [심볼]이 아니고 [씸벌]이랍니다.

trend [trénd] 명 유행, 풍조, 경향 동 기울다, 향하다

Andre Kim always creates a new fashion trend at his show.

앙드레 김은 항상 자신의 쇼에서 새로운 패션 유행을 창조한다.

> 새로운 것으로의 변화나 사람들이 따라 하고 싶어 하는 '패션 유행 풍조'를 의미할 때 trend라고 하죠.
> {표현 tip} set a trend: 유행을 창출하다, a trend setter: 유행을 선도하는 사람

4. 오락

 게임

bet [bét] 동 내기를 하다, 장담하다 명 내기, 걸기

He has bet $100 on a casino game last night.

그는 지난밤에 카지노 게임에 100달러를 걸었다.

> 회화체에서 흔하게 쓰이는 'I bet.'은 '난 확신한다'라는 뜻이고 'You bet.' 하면 "You're right!"
> (네 말이 맞아)라는 뜻이에요. ㅎㅎ

dice [dáis] 명 주사위

Greg : What do we need for a Blue Marble game?

Ann : One piece of paper, two pencils and a dice.

그렉 : 블루마블 게임에 뭐가 필요하지?

앤 : 종이 한 장, 연필 두 자루 하고 주사위 하나.

> 단/복수 다 같이 dice.
> {표현 tip} play dice: 주사위 놀이를 하다, dice with death: 목숨을 걸고 모험을 하다

folk [fóuk] 형 민속의, 민간의 명 사람들, 여러분

Sue : What do you do in your free time these days?

Beth : I learn Indian folk dance at the Indian Art
        Center every weekend.

수 : 요즘 여가시간에 뭘 하니?

베스 : 주말마다 인디언 아트센터에서 인디언 민속춤을 배워.

> a folk dance는 '민속춤', a folk music은 '민속음악', a folk tale는 '전래동화'를 의미하죠.

puzzle [pʌ́zl] 圐 어려운 문제, 퍼즐 圐 곤혹스럽게 하다, 난처하다
Sally: How is your sister doing recently?
Mike : Good but she is recently crazy about cross-word
puzzles.

샐리 : 너의 누나 요즘 어떻게 지내니?
마이크 : 잘 지내는데 요즘 낱말 퍼즐에 빠져 있어.

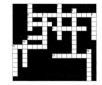

흔히 퍼즐 하면 조각그림 맞추기를 생각하는데, 그건 jigsaw-puzzle이라고 해요.

seek [síːk] 圐 찾다, 추구하다, 노력하다
Karen : Let's play hide-and-seek.
Jason : Good! You hide first. I will count 100.

캐런 : 술래잡기 하자.
제이슨 : 좋아. 너희들 먼저 숨어. 내가 100을 셀 거야.

'노력해서 뭔가를 찾을 때' seek이라고 하죠. 동사변화는 seek-sought-sought.
{단어 tip} hide-and-seek: 술래잡기

trick [trík] 圐 장난, 속임수 圐 속이다, 장난치다
We were very amused with a magician's tricks.
우리는 마술사의 묘기에 아주 즐거워했다.

{표현 tip} trick of fortune: 운명의 장난

2 축제

balloon [bəlúːn] 圐 풍선, 기구 圐 부풀다, 하늘로 오르다
Grace : How can we decorate our room for Sarah's birthday party?
Kate : Why don't we use some colorful balloons?

그레이스 : 새라 생일파티를 위해 우리 방을 어떻게 꾸밀까?
케이트 : 색깔 있는 풍선을 좀 사용해보자.

{발음 tip} [밸룬]이 아니고 [벌루운] 하고 길게 늘이세요.

magic [mǽdʒik] 명 마술, 주술 형 신기한, 마술의

A famous magician is going to perform his magic show at our school.

한 유명한 마술사가 우리 학교에서 마술쇼를 보여줄 예정이다.

> a magician[mədʒíʃən] 마술사
> {표현 tip} practice magic: 마법을 걸다

entertain [èntərtéin] 동 즐기다, 즐겁게 하다, 대접하다

Usually actors and comedians entertain us.

대개 배우들과 코미디언들은 우리를 즐겁게 해준다.

> 연예인들은 대중을 '즐겁게 해주는 사람'이라서 entertainers라고 부르죠. 우리가 탤런트
> (talent)라고 부르는데 탤런트는 영어에 없는 표현이에요. 명사형은 entertainment.

festival [féstəvəl] 명 축제, 잔치, 행사 형 즐거운

My cooking club will make and sell some cookies at this school festival.

우리 요리 동아리에서는 이번 학교 축제 때 쿠키를 만들어 팔 것이다.

> 예술 축제나 영화 축제, 종교적인 축제까지 총 망라해서 festival이라고 해요.

event [ivént] 명 중요한 일, 행사

Tracy : You look so busy. What's the matter?

Josh : I have to work at school events.

트레이시 : 많이 바빠 보이네. 무슨 일 있니?

조쉬 : 학교 행사가 있어서 일해야 해.

> 특별한 행사, 특히 스포츠 경기나 특별한 군중집회를 말할 때 sports event(스포츠 행사) 또는
> social event(사회적인 행사)로 많이 쓰는 단어에요.

3 야외활동, 휴가

camp [kæmp] 몡 야영, 숙소 동 야영하다

Carl : What did you do last summer vacation?

Natalie : I went camping to Oklahoma with my family.

칼 : 지난 여름방학 때 뭐 했니?

나탈리 : 가족과 함께 오클라호마로 캠핑을 갔어.

> 프로야구 선수들의 동계 훈련장을 spring camp라고도 표현하죠.^^

picnic [píknik] 몡 소풍 동 소풍 가다

Mom : Shall we go on a picnic this Sunday?

Steven : Sorry, mom. I have to finish my project by this Sunday.

엄마 : 우리 이번 일요일에 소풍갈까?

스티븐 : 미안해요, 엄마. 이번 일요일까지 프로젝트를 끝내야 해요.

> '소풍 가다'를 go on a picnic이라고 하죠?

amuse [əmjúːz] 동 웃기다, 재밌게 하다

Sandy : Your father looks so happy today.

Greg : Because my sister has amused him a lot.

샌디 : 오늘 너의 아빠가 즐거워 보이신다.

그렉 : 누나가 아빠를 많이 즐겁게 해드렸거든.

> 서울랜드, 에버랜드, 롯데월드 모두 다 amusement parks(놀이공원)죠. ㅋ

rope [róup] 몡 줄, 밧줄 동 밧줄로 묶다

Beth : I am too tired to climb more.

Ted : Come on, tie the rope around your body and give it to me.

베스 : 너무 피곤해서 더는 못 올라가겠어.

테드 : 힘내, 네 몸에 그 줄을 묶고 나한테 줘.

vacation [veikéiʃən] 명 휴가, 방학

Ann : What are you going to do this summer vacation?

David : I would like to go on a trip to Jeju Island by a bicycle.

앤 : 넌 이번 여름방학 때 뭐 할 거니?

데이빗 : 자전거 타고 제주도로 여행 가고 싶어.

> 아주 짧은 휴식은 a break, 며칠 쉬는 휴가는 holidays, 몇 달 정도 쉬는 긴 휴가, 방학은 vaca-tions라고 해요.
> {발음 tip} 아직도 이 단어를 바캉스라고 발음하는 몰지각한 사람들이 있던데, 그러면 영어가 화내요. [v베이케이션]이에요. 암기 필수!

climb [kláim] 동 오르다, 기어오르다

Jason : What do you usually do on holidays?

Tom : I climb a mountain with my father.

제이슨 : 휴일마다 주로 뭘 하니?

탐 : 아버지와 암벽 등반해.

> 일반적으로 우리가 가벼운 산책 수준으로 산에 올라가는 것은 hiking이고, climbing은 등산 기구를 사용해서 암벽 등반하는 것을 말해요.
> {발음 tip} [클라임] 하고 스펠링 b는 발음하지 않아요.

challenge [tʃælindʒ] 명 도전 동 도전하다

Eunice : Studying abroad is a big challenge for me.

Trevor : Of course! But I am sure you will do well.

유니스 : 외국 유학은 내게 커다란 도전이야.

트레버 : 물론이지! 하지만 너는 잘할 거라고 확신해.

> 사람에게 challenge 하면 그 사람의 권위에 '도전하는' 것이고, 어떤 생각이나 의견에 chal-lenge 하면 그것이 사실인지 아닌지 '의문을 제기하는' 것이랍니다.

4 실내 취미활동

diary [dáiəri] 몡 일기

Kate : Do you keep a diary everyday?

Sue : No. Once in a while.

케이트 : 매일 일기를 쓰니?

수 : 아니. 가끔.

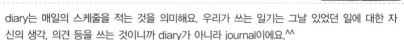

> diary는 매일의 스케줄을 적는 것을 의미해요. 우리가 쓰는 일기는 그날 있었던 일에 대한 자신의 생각, 의견 등을 쓰는 것이니까 diary가 아니라 journal이에요.^^

favorite [féivərit] 혱 마음에 드는, 가장 좋아하는

Mike : Who is your favorite movie actor?

Grace : My favorite actor is Megan Fox from 'Transformers'.

마이크 : 네가 가장 좋아하는 영화배우가 누구니?

그레이스 : 내가 가장 좋아하는 배우는 '트랜스포머'에 나왔던 메간 폭스야.

> 개인의 취향을 물어볼 때 쓰는 단어죠. a favorite movie(가장 좋아하는 영화), a favorite food(가장 좋아하는 음식), a favorite person(가장 좋아하는 사람) 등등.

fold [fóuld] 통 접다, 포개다, 구부리다 몡 접힌 부분

Leo : How to make a paper plane?

Sarah : Fold a sheet of paper in half first.

리오 : 종이비행기를 어떻게 만드니?

새라 : 우선 종이 한 장을 반으로 접어.

> {표현 tip} fold one's arms: 팔짱을 끼다, fold one's hands: 두 손을 포개다

doll [dάl] 몡 인형, 백치미인

Barbie doll used to be so popular all around the world.

바비인형은 전 세계적으로 매우 인기가 많았다.

> {표현 tip} She looks such a doll. 그녀는 꼭 인형처럼 예쁘다.

sheet [ʃíːt] 몡 종이 한 장, 얇은 판

Chris : Excuse me, can I get a sheet of paper?
Smith : Sure. Here it goes.

크리스 : 미안하지만 종이 한 장 얻을 수 있을까?
스미스 : 물론이지. 여기 있어.

> a piece of paper, a sheet of paper 둘 다 '한 장의 종이'라는 뜻이에요. paper 자체는 물질이니까 셀 수 없고 piece나 sheet의 단위로 세야 해요. shit([ʃít] 똥)과의 발음 차이에 유의해야 합니당.ㅋ
>
> {발음 tip} [싯트]가 절대 아니고 [쉬이~트]라고 해야 해요!

clay [kléi] 몡 점토, 찰흙 동 진흙을 바르다

Patrick : What are you making with the clay?
Karen : A mug. I'm making it for my dad.

패트릭 : 그 찰흙 가지고 뭘 만들고 있니?
캐런 : 머그 컵. 아버지께 하나 만들어드리고 싶어서.

> 젖었을 때는 부드럽지만 마르면 딱딱해지는 찰흙. 도자기 그릇을 만들기 위해서는 불에 구워야 하죠.

prefer [prifə́ːr] 동 선호하다, 어느 것을 더 좋아하다

I prefer English to math now.

나는 지금 수학보다 영어를 더 좋아한다.

> prefer는 둘 중 어느 한쪽을 더 선호한다고 할 때 쓰는 단어예요. 다른 한쪽을 싫어한다는 의미는 아니에요. prefer A to B: B보다 A를 더 선호하다. 꼭 암기해주세요~^^*

blood 몡 혈액, 혈통, 가문 13
bloom 몡 개화, 전성기 통 (꽃이) 피다, 개화하다 197
blossom 몡 꽃, 만발 통 번성하다, 발전하다 197
blow 몡 주먹 통 (바람이) 불다, (연기, 입김을) 내뿜다 15
boil 통 끓이다, 삶다 79
bond 몡 채권, 담보 통 담보를 넣다, 묶어두다 138
bone 몡 뼈, 유골 통 뼈를 발라내다 12
bottle 몡 병, 술병 84
bow 통 절하다 몡 절, 인사 164
bowl 몡 사발, 공기 84
brain 몡 뇌, 두뇌, 지능, 지적인 사람 13
branch 몡 가지, 지점 199
brand 몡 상표, 품질, 등급 140
brave 혱 용감한 48
breast 몡 가슴, 유방 17
breath 몡 숨, 호흡 17
brighten 통 빛나게 하다, 밝아지다 213
brilliant 혱 똑똑한, 뛰어난, 훌륭한 45
broadcast 통 방송하다, 중계하다 248
buckle 몡 버클, 혁대의 죔쇠 76
budget 몡 예산, 경비 136
build 통 짓다, 건축하다 95
building 몡 건물 110
bulb 몡 알뿌리, 양파의 구근, 전구 102
burden 몡 짐, 부담 혱 의무를 진 37
burn 통 타다, 태워버리다, 화끈거리다 19
bush 몡 관목, 덤불 통 우거지다 197
business 몡 사업, 업무, 장사 141
butter 몡 버터 90

C -
cafe 몡 커피전문점, 간이식당 88
camp 몡 야영, 숙소 통 야영하다 274
cancel 통 취소하다, 중지하다 몡 말소, 취소 266
cancer 몡 암, 악성종양 59
captain 몡 선장, 우두머리, 주장 120
care 몡 근심, 걱정, 조심 통 걱정하다, 관심 갖다 65
career 몡 경력, 직업, 이력 128
careful 혱 주의 깊은, 조심스런 48
carton 몡 종이 팩, 판지 상자 211
cartoon 몡 만화 혱 풍자적인 250
cash 몡 현금 133
cassette 몡 카세트 175
cast 몡 등장인물들, 던지기 통 배역을 맡다, 내던지다 266
category 몡 범주, 구분, 학문 156
cattle 몡 소 떼 189
ceiling 몡 천장, 〈가격, 임금〉 최고 한도 101

cellular 혱 세포의, 구획적인, 이동 전화의 12
center 몡 중앙, 중심 108
certificate 몡 증명서, 인증서 통 ~을 증명하다 174
challenge 몡 도전 통 도전하다 275
channel 몡 채널, 주파수, 경로 246
chant 몡 성가, 노래 통 성가를 부르다 263
chapter 몡 (책, 논문의) 장, 과 252
charity 몡 자선, 자비, 박애 144
chase 몡 추격, 사냥 통 뒤쫓다, 추격하다, 추구하다 194
chat 몡 수다, 잡담 통 잡담하다 232
cheer 통 격려하다, 환호하다 35
chef 몡 요리사, (큰 식당, 호텔의) 주방장 115
chemical 혱 화학적인 몡 화학물질 224
chew 통 〈음식물을〉 씹다, 물어뜯다, 곰곰이 생각하다 81
chief 몡 (조직의) 장, 추장 혱 최고의, 주요한 121
chimney 몡 굴뚝 97
chimpanzee 몡 침팬지 186
choose 통 고르다, 선택하다 175
claim 몡 청구, 권리 통 청구하다, 권리주장하다 146
clap 몡 박수, 갈채 통 손뼉을 치다, 가볍게 두드리다 267
classical 혱 고전의, 전통적인 몡 클래식 음악 263
classmate 몡 같은 반 친구, 급우 164
clay 몡 점토, 찰흙 통 진흙을 바르다 277
clerk 몡 사무원, 직원, 점원 115
click 통 누르다, 마우스 버튼을 누르다 228
climate 몡 기후, 풍토, 분위기 214
climb 통 오르다, 기어오르다 275
cloth 몡 옷감, 천 72
cloudy 혱 구름 낀, 흐릿한, 기분이 언짢은 214
clover 몡 클로버, 토끼풀 196
club 몡 클럽, 동아리 통 곤봉으로 때리다, 결합시키다 156
coal 몡 석탄, 숯, 장작 210
coast 몡 해안, 연안 205
coin 몡 동전, 주화 131
collapse 통 붕괴하다, 쓰러지다 111
colleague 몡 (직장) 동료 128
collect 통 모으다, 수집하다, 손에 넣다 211
college 몡 대학교, 단과대학 174
column 몡 기둥, 세로줄, (신문) 난 258
combine 통 합병하다, 결합하다, 연합하다 143
comedian 몡 희극 배우, 코미디언 115
comfortable 혱 기분 좋은, 편안한 26
comic 혱 희극의 몡 잡지만화, 신문만화 259
comment 몡 논평, 설명 통 (시사문제) 논평하다 260
commerce 몡 상업, 통상, 교역 142
commission 몡 위임, 임무, 수수료, 위원회 132
company 몡 회사, 친구, 일행 140

285